누구나 쉽게 만들 수 있는 아름다운

우리떡·한과·음청류

정재홍·김옥선·김형렬·유진현
이진택·정은진·최덕주 공저

형설출판사
www.hyungseul.co.kr

누구나 쉽게 만들 수 있는 아름다운

우리떡·한과·음청류를 펴내며…

아련한 기억 저편에 아름다운 형형색색의 아름다운 떡과 한과들은 늘 다락방의 한 켠을 가득 채우고 있었습니다. 언제라도 입이 궁금하면 살금살금 기어 올라가 바라보기만 하여도 가슴 속에서 솟아 오르는 풍요로움의 기쁨을 맛보게 하였습니다. 입안에서 사르르 녹아드는 그 부드러운 감촉의 약과, 바삭바삭하면서도 달콤한 꿈결같은 유과, 갖가지의 쌀엿강정들과, 기가 막히게 고소한 콩강정, 너무 납작하여 먹기 불쌍했던 깨강정, 손가락으로 찍어 빨아 먹어야 제 맛이 나는 조청과 이들로 조려낸 갖가지의 이름 모를 정과들, 구멍이 숭숭 뚫려 내 마음마저 후련했던 엿치기의 선수 흰 엿가래, 마음 졸이며 몰래 빼먹던 곶감, 생강향 알싸한 약감주, 몰래 훔쳐먹어 더욱 짜릿했던 수정과, 귀하신 어른들의 접대용이었던 쌉쌀하면서도 뒷맛이 희한하게 화했던 속칭 약꿀로 통하던 꿀딴지, 봄날의 진달래, 여름날의 치자꽃, 가을날의 황국으로 만드는 화전들…. 우리들 유년시절의 떡과 한과, 음청류는 늘 충만함과 행복감으로 이렇게 다가왔습니다.

사실 어릴 적 떡과 한과, 음청류는 우리에게 아주 친숙한 음식이었습니다. 명절이나 제사, 손님이 오실 때나 생일은 물론, 평소에도 간식으로 자주 즐겨 먹었던 것이었습니다. 그러나 현대인들의 바쁜 생활, 여성들의 사회활동의 증가, 가정의례의 변천, 핵가족화, 의례음식의 간소화, 식생활의 서구화, 제과·제빵 기술의 발달 등 여러 가지 이유로 점차 그 설 자리를 잃어가고 있습니다. 언제부터인가 떡과 한과 그리고 음청류는 손이 많이 가고 까다롭고 무엇보다도 번거롭다는 선입견으로 인해 행사 때만 가끔씩 구입하는 음식으로 자리매김을 한 현실이 안타깝게 여겨집니다. 한 나라의 문화를 이해하기 위해서는 그 나라의 음식을 아는 것이 가장 빠른 지름길이라고 합니다.

수천 년 동안 찬란하게 꽃피웠던 우리의 음식문화, 그 중에서도 우리떡과 한과, 음청류는 서로의 정을 나누며 유대감을 돈독하게 했던 음식이었습니다.

특히 재료배합에서도 견과류를 비롯한 천연의 꽃·잎·열매·뿌리 등의 식재료를 이용하여 보다 합리적이며 영양학적으로 우수하다는 점, 그리고 약이성 재료를 많이 사용하므로써 건강을 북돋울 수 있다는 점에서 조상들의 지혜가 돋보입니다.

세계 어느 곳에 내 놓아도 빠지지 않는 아름다운 떡과 한과, 단순히 마시는 것의 차원을 넘어선 건강기능성 음료로서 우리 것에 대한 자긍심을 갖고서 더욱더 계승·발전시켜야 할 것입니다. 다만 재료와 분량의 표준화와 과학화, 만드는 법의 간소화, 포장의 과학화 및 산업화, 저장성의 문제점들은 시급히 해결되어야 할 과제입니다.

이에 이 책은 이십여 년 간 교단에서 강의와 외부의 직업교육을 담당하면서 쌓은 경험과 자료들을 토대로 엮었습니다. 미흡한 부분도 많이 있겠지만 누구나 손쉽게 만들 수 있도록 정확한 분량과 간편한 조리 방법은 물론 아름답고도 맛있는 떡과 한과와 음청류를 만들 수 있는 방법을 제시하였습니다. 아울러 부족한 점은 계속 수정·보완할 것입니다.

또한 직무명 떡제조의 NCS(국가직무능력표준)에 따른 각 과제마다 분류번호와 능력단위 및 수준을 표기하였습니다.

끝으로 이 책의 출판을 위해 물심양면으로 도와 주신 형설출판사 장지익 회장님, 늘 따뜻함으로 지도해 주신 수원 YWCA의 서용희 이사님, 한결같은 이해와 격려를 아끼지 않은 사랑하는 가족들, 무엇보다 참 좋으신 하느님께 감사드립니다.

저자 일동

누구나 쉽게 만들 수 있는 아름다운

우리떡·한과·음청류

차례

떡

한과

음청류

찌는떡

치는떡

지지는떡

삶는떡

유밀과류

유과류

정과류

숙실과류

다식 · 과편류

엿강정류 · 엿

차 · 탕류

갈수 · 미수 · 식혜 · 밀수류

화채류

누구나 쉽게 만들 수 있는 아름다운

우리떡·한과·음청류

떡

1. 떡의 유래와 역사

1) 떡의 유래

떡이란 곡식을 가루 내어 찌거나 치거나 삶거나 기름으로 지져서 만든 음식을 통틀어 이르는 말이다. 떡의 어원은 동사 '찌다' 가 명사가 되어 〈찌기-떼기-떠기-떡〉으로 변화된 것으로 본디는 찐 것이라는 뜻이다. 떡을 일컫는 한자어로는 고(餻), 이(餌), 자(瓷), 편(片, 偏), 병이(餅餌), 투(偸), 탁(飥) 등이 있는데 우리 나라에서는 일반적으로 병(餅)이라고 부른다.

한편, 중국에서는 밀가루가 보급된 한대(韓代) 이후에는 떡을 가리키는 용어가 병(餠)으로 바뀌고 있다. 결국 떡을 의미하는 한자는 쌀을 위주로 떡을 만들었을 때는 이(餌)나 자(瓷), 밀가루를 위주로 떡을 만들었을 때는 명칭의 구별 없이 떡이라고 하며 한자인 경우 주로 병(餠)으로 표현하고 고(糕, 餻)로도 쓰인다.

한편, 문헌상 떡이란 글자가 나타나는 조리서는 한글 조리서인 〈규곤시의방(음식디미방)〉이며 여기서는 떡을 편이라 칭하고 있다. 떡이란 호칭은 〈규합총서〉에서 비로소 나타난다.

2) 떡의 역사

(1) 상고시대(上古時代)

우리 민족은 언제부터 떡을 먹었을까? 우리 나라의 떡은 삼국(三國 : 고구려, 신라, 백제)이 정립되기 이전에 만들어졌을 것이라는 추론이 지배적이다. 청동기시대의 유적인 나진초도패총에서 양쪽에 손잡이가 달리고 바닥에 구멍이 여러 개 난 시루가 출토되었기 때문이다.

이러한 추론을 뒷받침하는 사실로 우선 삼국시대 이전에 이미 쌀을 비롯한 피·기장·조·수수와 같은 곡물이 생산되고 있었고, 신석기시대의 유적지인 황해도 봉산 지탑리 유적에서 곡물의 껍질을 벗기거나 가루로 빻는데 쓰는 원시적 도구인 갈판과 갈돌이 발견되었다. 이로 미루어 보아 우리 민족은 일찌감치 삼국시대 이전부터 곡물을 가루로 만들어 시루에 찐 음식을 만들어 먹었으리라고 추측할 수 있다.

따라서 우리 나라의 떡은 시루의 역사와 같이 한다고 볼 수 있으며, 아울러 곡물의 가루로 찐 시루떡이나 쌀을 찐 다음 절구에 쳐서 만든 인절미, 절편 등의 도병류가 상용되었을 것으로 짐작할 수 있다.

(2) 삼국 및 통일신라시대

권농시책과 함께 본격적인 농경시대가 전개되면서 쌀을 중심으로 한 곡물의 생산량이 증대되어 쌀 외의 곡물을 이용한 떡도 다양해졌음을 알 수 있다. 또한 고구려 시대 무덤인 황해도 안악의 제3호 고분벽화에는 시루에 무엇인가를 찌고 있는 모습이 보인다. 이와 더불어 삼국시대의 다른 여러 고분에서도 시루가 출토되기도 했고 《삼국사기》, 《삼국유사》 등의 문헌에도 떡에 관한 이야기가 많아 당시의 식생활에서 떡이 차지했던 비중을 짐작하게 한다.

나진초도패총의 시루

(3) 고려시대

고려 초기에는 권농정책에 힘을 기울인 결과 곡물의 생산이 크게 늘어나 떡, 죽, 밥 등의 곡물 중심의 음식이 더욱 발달되었다. 삼국시대에 전래된 불교는 고려시대에 이르러 최고의 번성기를 맞게 된다. 육식을 멀리하고 특히 차를 즐기는 음다풍속의 유행은 과정류와 함께 떡이 더욱 발전하는 계기를 만들어 이 시기에는 떡의 종류와 조리법이 매우 다양해진다.

갈판과 갈돌

빗살무늬 토기

민무늬 토기

《해동역사(海東歷史), 1765년》에 고려사람들이 밤설기떡인 율고(律糕)를 잘 만든다고 칭송한 중국인의 견문이 소개되고 있으며, 지금으로부터 1,500여 년 전 원(元)의 기록인 《거가필용(居家必用)》에도 '고려율고'라는 우리의 떡을 소개하고 있다.

또한 이수광의 《지봉유설, 1613》에 〈송사(宋史)〉를 인용하여 기록하기를 "고려에서는 상사일(上巳日, 음력 3월 3일)에 청애병(靑艾餠, 쑥떡)을 으뜸가는 음식으로 삼았다"고 한 것으로 보아, 이 당시에도 쌀가루에 쑥을 섞어 찐 쑥설기가 보편화되었음을 알 수 있다. 고려 말기에 이르러서는 단자류와 전병(煎餠) 등 다양한 종류의 떡이 등장하였다. 고려 공양왕 때 목은(牧隱) 이색의 저서 《목은집(牧隱集)》에 "유두일에는 수단(水團)을 만들었고, 찰수수로 전병을 부쳐 팥소를 싸서 만든 차전병이 매우 맛이 좋았다".고 하는 기록과 함께 점서(粘黍)라고 하는 찰기장으로 만든 송편도 등장한다.

안악 제3호 고분벽화(부엌)

이밖에 기주떡의 일종인 상화떡(霜花餠)이 등장하는데, 상화떡(霜花餠)은 밀가루를 발효시켜 팥소를 넣어 만든 것으로 오늘날의 증편(蒸餠)과는 다르다. 《고려가요》에 "쌍화점에 쌍화사러 가고 시딘/회회(回回)아비 내 손모글 주여이다/이 말씀이 이 점(店) 밖을 나명들명/다로러거더러죠고맛감 삿기 광대 네 말이라 흐리라"고 하였는바, 그 내용인 즉 "쌍화점에 갔더니 회교도인이 내 손목을 쥡디다. 이 소문이 상점 밖에 퍼지면 조그마한 새끼 광대(廣大) 네가 퍼뜨린 것 인 줄 알리라"하는 말이다.

사실 이 노래는 고려의 수도인 개성 부근에 유행되던 속요로서, 당시 고려에 와 있었던 아라비아 상인과 고려 여인과의 관계를 노래한 것이나, 그 내용에 있어 쌍화점이 등장하는 것으로 보아 이미 당시에도 떡이 상품화되어 일반에 널리 보급되었음을 알 수 있다.

(4) 조선시대

전반적으로 농업기술과 음식의 조리 및 가공기술이 발달하여 식생활 문화가 향상되었고, 국시(國示)

로 내걸었던 유교가 사회 깊숙이 뿌리를 내리면서 관혼상제 등의 의례와 세시행사가 관습으로 자리를 잡게 되었으며, 조과류와 함께 다양한 떡이 전통음식으로서 등장하게 된 것이다. 다시 말해서 떡은 혼례 · 빈례 · 제례 등 각종 행사와 대 · 소 연회에 필수적인 음식으로 자리잡았으며, 이 같은 습속은 지금까지도 전통과 관습으로 이어져 오고 있다.

초기의 단순하게 곡물가루를 쪄서 익혀 만드는 방법에서 벗어나 점차 다른 곡물을 배합하거나 부재료로 쓰는 소와 고물의 재료로 꽃이나 열매 · 뿌리 · 향신료를 이용하게 되었던 것이다.

조선시대의 떡을 기록한 문헌으로 《도문대작(屠門大爵), 1611》을 비롯하여 여러 종류의 다양한 조리서 즉 《음식디미방》·《음식보》·《증보산림경제》·《규합총서》·《임원십육지》·《동국세시기》·《음식방문》·《시의전서》·《부인필지》·《음식만드는 법》·《군학회동》·《옹희잡지》·《주방문》·《술빚는 법》·《요록》·《조선무쌍신식요리제법》·《조선요리제법》·《시의방》·《조선세시기》·《간편조선요리제법》·《조선요리》·《우리나라 음식 만드는 법》·《이조궁중음식통고》·《규곤요람》·《조선상식》·《성호사설》·《열양세시기》·《음식법》 등이 발간되어 떡 등의 음식 조리기술이 크게 발달하게 되었다.

조선무쌍신식요리제법

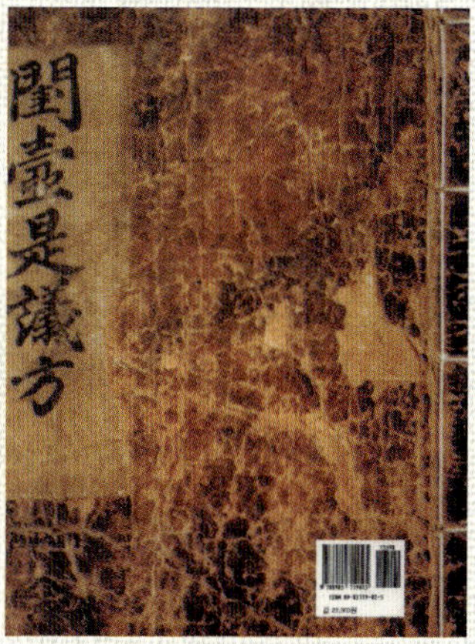

규곤시의방(음식디미방)

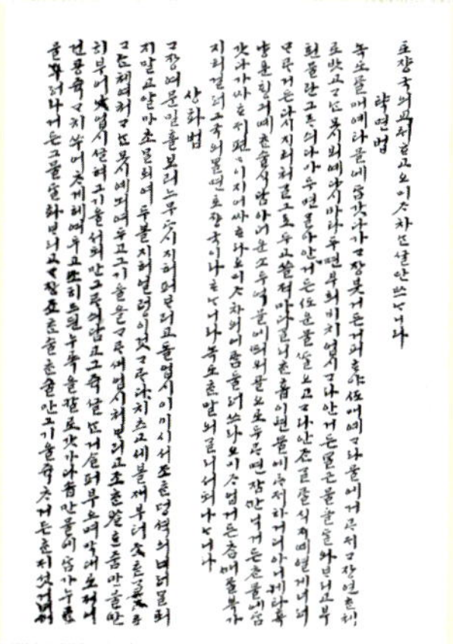

음식디미방(본문 중)

조선시대의 떡을 만드는 기술이 얼마나 발달하였던지, 《규합총서(閨閤叢書), 1815》에 '석탄병(惜呑餠)' 의 유래에 대해 "강렬한 맛이 차마 삼키기 안타까운 고로 석탄병이라 한다."고 소개하고 있다.

떡은 궁중과 반가를 중심으로 더욱 사치스럽게 발전하여 조선시대 음식관련 조리서에 등장하는 떡의 종류만 해도 무려 198 가지에 이르고, 떡을 만드는 데 사용된 재료의 가지 수도 95가지나 된다.

(5) 근대 이후

19세기 말로 접어 들면서 유구한 역사와 전통성, 토착적 성격을 간직해 오던 우리 나라의 떡은 한일합병과 이후 36년 간의 일제 강점기 그리고 6.25전쟁 등 급격한 사회변화와 함께 물밀듯이 들어온 서양의 빵에 의해 밀려나기도 했지만 그 문화는 지금까지도 이어져 오고 있다.

2. 떡의 분류

1) 찌는떡(蒸餠)

우리 떡 중 가장 기본으로 그 종류가 100여종에 이른다. 멥쌀이나 찹쌀을 물에 담갔다가 가루로 만들어 시루에 안친 뒤 김을 올려 익히며, 찌는 방법에 따라 설기떡(무리떡), 켜떡, 빚는 떡, 부풀려서 찌는 떡으로 구분한다. 설기떡은 찌는 떡의 가장 기본으로, 멥쌀가루를 물이나 꿀물 또는 시럽 등으로 내리고 이를 다시 체에 쳐서 적당히 수분과 공기를 혼입시켜 균질화한 다음 시루에 사뿐히 안쳐 찐다. 쌀가루를 물이나 꿀물, 시럽 등으로 내리는 과정은 쌀의 전분이 쉽게 호화될 수 있도록 수분함량을 조절하는 것이며 쌀가루 입자가 고르게 됨으로써 고르게 증숙되고 결과적으로 설기떡에 약간의 탄력이 생겨 부드러움의 정도가 조절될 수 있다. 이때 만일 수분이 지나치거나 설탕이 많아지면 떡의 조직이 유연성을 지니지 못하고 질기게 된다.

켜떡은 멥쌀가루나 찹쌀가루를 시루에 고물로 얹어가며 켜켜이 안쳐 찐 떡이다. 고사떡과 같이 켜를 두둑하게 안친 것을 속칭 '시루떡'이라 하고 백편 · 꿀편 · 신감초편과 같이 켜를 얇게 안친 것을 속칭 '편'이라 한다.

주재료가 찹쌀이냐 멥쌀이냐에 따라 찰시루떡과 메시루떡으로 나누며, 고물을 얹느냐 얹지 않느냐에 따라 찰시루떡은 찰시루켜떡과 찰시루편, 메시루떡은 메시루켜떡과 메시루편으로 구분된다.

켜떡에는 물호박떡·상추떡·느티떡·백편·꿀편·승검초편·석이편·찰시루떡·두텁떡·깨찰편·녹두찰편·꿀찰편 등이 있다. 찌는 떡의 주재료로는 멥쌀과 찹쌀이 있고 멥쌀을 섞는 방법에 따라 팥·콩·녹두·깨·밀·녹말 등의 잡곡 및 두류가 이용된다. 부재료로는 밤·대추·잣·감·호두·복숭아·살구 등의 과일 및 견과류가 쓰이고, 기타 향미성 식품인 당귀잎·석이버섯·무·쑥·채소·후추·술이 이용되며 감미료로 꿀·설탕시럽 등이 쓰인다.

다음으로는 빚어 찌는 떡으로 송편과 같이 모양을 빚어 찐 것, 두텁떡과 같이 모양을 형성해 가면서 찐 것 등이다. 끝으로 부풀려서 찌는 떡을 들 수 있는데, 예컨대 술을 넣어 묽게 반죽하여 쪄내는 증편이나 술을 넣어 되게 반죽하여 부풀려서 찌는 상화가 여기에 속한다.

2) 치는떡(搗餠)

치는 떡은 곡물을 탈각해서 곡립 상태나 가루 상태로 만들어서 시루에 찐 다음, 절구나 안반 등에 놓고 친 것으로 인절미류, 절편류, 단자류, 가래떡류, 개피떡류 등으로 나눌 수 있다. 치는 떡은 주재료에 따라 찹쌀도병과 멥쌀도병으로 구분하는데 찹쌀도병의 대표적인 떡으로는 인절미류가 있으며, 표면에 묻히는 고물의 종류에 따라 이를 다시 콩인절미, 팥인절미, 깨인절미 등으로 부른다.

또한 찐 찹쌀을 안반에 놓고 칠 때 섞는 부재료에 따라 쑥인절미, 수리취인절미 등으로 불리어진다. 절편류는 떡가래를 빚어서 알맞은 크기로 잘라 떡살로 문양을 내어 만든 것을 의미한다.

단자류는 찹쌀가루에 물을 주어 찌거나, 익반죽을 하여 반대기를 만들어 끓는 물에 삶아 꽈리가 일도록 쳐서 적당한 크기로 빚거나 썰어서 고물을 묻힌 떡이다. 떡에 들어가는 재료에 따라 석이단자 · 쑥단자 · 각색단자 · 도행단자 · 유자단자 · 토란단자 · 밤단자 · 건시단자 등으로 불리운다.

개피떡은 절편 덩어리를 얇게 밀어 팥소를 넣고 접은 다음 반달 모양으로 찍어 공기가 들어가게 만든 떡으로, 바람떡 또는 갑피병이라고 불리운다.

3) 지지는떡(煎餠)

지지는 떡은 찹쌀가루를 익반죽하여 모양을 만들어 기름에 지진 떡으로 화전류 · 주악류 · 부꾸미류, 산승류, 전병류 등이 있다.

화전(花煎)류는 익반죽한 찹쌀가루를 동글넓적하게 만든 뒤, 꽃잎을 붙여 기름에 지진 떡으로, 전화병, 유전병이라 하여 《도문대작》에 처음 기록되어 있는 것을 볼 수 있으며, 《음식디미방(飮食知味方), 1670》, 《주방문(酒方文), 1600년대 말》에서는 찹쌀가루에 메밀을 섞었으나, 《증보산림경제, 1766》 이후의 문헌에는 찹쌀가루만으로 만들었다. 《동국세시기(東國歲時記), 1849》에서는 녹두가루를 사용하였으며, 두견화 · 장미화 · 국화 등의 꽃과 꿀, 기름 등을 사용하였다.

주악류는 찹쌀을 익반죽하여 깨, 곶감, 유자청건지 등으로 만든 소를 넣고, 조약돌 모양처럼 빚어 기름에 튀긴 떡으로, 승검초주악 · 은행주악 · 대추주악 · 석이주악 등이 있다. 주악의 어원은 각서의 가짜라 하여 조각이라 하였으며 다시 각(角)의 음이 악(岳)이 되어 조악(造岳)이 되고 지금의 주악이라고 하였다.

부꾸미류는 찹쌀 · 찰수수 등을 물에 불렸다가 갈아서 익반죽하여 빚어 지진 뒤, 소를 넣고 반달처럼 접은 떡으로 찹쌀부꾸미 · 수수부꾸미 · 결명자부꾸미 등이 있다.

산승류는 찹쌀가루에 꿀을 넣고 익반죽한 뒤 세뿔 모양으로 빚어 기름에 지진 떡으로 《음식디미방》, 《시의전서》 등에 그 만드는 법이 기록되어 있으며 주로 웃기떡으로 쓰인다.

전병류는 꽃전, 주악류, 부꾸미 이외에도 기름에 지지는 떡을 총칭하며 토란병, 서여향병, 메밀총떡, 섭산삼병, 빙자병 등이 있으며 《도문대작》에서는 자병(煮餠)으로 기록되어 있다.

4) 삶는떡(湯餠)

삶는 떡은 경단류를 말하며 찹쌀을 반죽하여 빚거나 더러는 구멍떡으로 만들어서 끓는 물에 삶아 건져서 고물을 묻힌 것으로 가장 손쉽게 만들 수 있다.

경단류는 문헌인 《요록(要綠), 1680년경》에 '경단병'이란 이름으로 처음 기록되어 있으며, "찹쌀가루로 떡을 만들어 삶아 익힌 뒤 꿀물에 담갔다가 꺼내어 그릇에 담아 다시 그 위에 꿀을 더한다."고 하였다. 이렇게 시작된 경단은 《음식방문(飮食方文), 1800년대 중엽》과 《시의전서, 1800년대 말엽》 등에도 나타나 있으며, 고물을 묻히는 방법에 약간의 차이가 있을 뿐 기본적인 방법은 거의 같다.

3. 세시풍속과 떡

세시풍속이란 해마다 일정한 시기가 오면 습관적으로 반복하여 거행하는 의례적인 생활 행위이다. 이 세시음식은 대개 자연환경과 우리 민족의 전통적인 생활양식에 의해 형성된 것으로 농경의례라든가 민간신앙 또는 역사적 의의와 풍류, 귀신을 물리친다는 의미, 보양 및 계절적 생산성과 밀접한 관계가 있다.

1) 정월 초하루

정월 초하루인 원단(元旦)에는 흰떡을 만들어 떡국을 끓여서 차례상에 올리고, 온가족이 함께 한 그릇씩 먹으므로 나이를 한 살 더 먹는다고 여겼으며, 찹쌀 · 차조 · 기장 · 찰수수 등 찰곡식으로 만든 인절미와 거피팥을 비롯하여 콩가루 · 검은깨 · 잣가루 등을 고물로 입혀 만든 찰떡을 즐겼다.

떡가래의 모양에도 각별한 의미가 있다. 시루에 쪄낸 떡을 길게 늘려 가래로 뽑는 것에는 재산이 쭉쭉 늘어나라는 축복의 의미가 담겨 있고, 가래떡을 둥글게 써는 이유는 태양과 같이 새해가 밝게 빛나며 무사안녕하기를 바라는 기원이 담겨 있다.

한편, 개성지방에서는 조롱박 모양의 조랭이 떡국(조롱떡국)을 끓여 먹었는데 몇 가지 의미가 있다. 하나는 아이들이 설빔에 조롱박을 달고 다니면 액막이를 한다는 속설을 떡국에도 적용하여 액막이의 뜻으로 조랭이 떡국을 끓여 먹었다는 것이고, 다른 하나는 고려 이전부터 장삿술에 능했던 개성사람들이 허리가 잘록한 조롱박 모양이 마치 엽전 꾸러미와 닮았기 때문에 곧 새해에도 집안에 재물이 넘쳐나길 기원하는 의미였다. 나머지 하나는 조롱떡을 만들 때 떡을 조롱박처럼 비틀어 만드는 과정을 마치 고려말 고려의 신하가 이성계의 신하가 된 것을 빗대어 풍자하는 것으로 당대의 현실을 조롱떡에 담아 비꼬기도 하였다고 전해지고 있다.

2) 정월 대보름

정월 대보름날(上元)에는 찹쌀을 쪄서 밤 · 대추 · 설탕을 섞고 참기름과 진간장을 쳐서 버무린 뒤 오랜 시간 쪄낸 약식을 절식으로 즐겼다. 즉 까마귀가 신라시대 소지왕의 생명을 구해주어서 그에 대한 고마움을 표현하기 위해 까마귀가 좋아하는 대추로 까마귀 깃털 색과 같은 약식을 만들어 먹었다는 이야기가 《삼국유사》의 사금갑조(射琴匣條)에 나타난다.

그래서 이 일이 있은 뒤로 경주 사람들은 해마다 정월 첫 번째 해일(亥日), 자일(子日), 오일(午日)이 되면 모든 일에 조심하고 함부로 움직이지 않았다. 그리고 정월 보름을 까마귀가 죽은 날이라는 의미로 오기일(烏忌日)이라 하면서 이 날에 찰밥을 지어 제사를 지냈다고 한다.

3) 중화절(中和節)

음력 2월 초하룻날에는 '삭일송편(朔日松餠)'이라 하여, 커다랗게 만든 송편을 쪄서 노비들에게 나이 수대로 나누어 줌으로써 농사일이 시작되는 절기에 노비들을 격려하기도 했다.

4) 삼짇날(重三節)

음력 3월 3일을 답청절(踏靑節)이라 부르기도 하였는데 들판에 나가 꽃놀이를 하고 새 풀을 밟으며 봄을 즐기기 때문이다. 이 날은 평소에 집에서만 갇혀 살던 부녀자들이 산으로 번철을 들고 나가서 자유를 만끽하며 찹쌀가루 반죽에 진달래꽃잎을 얹어 번철에 지져 꿀을 발라먹는 진달래화전을 만들어 먹었다. 또 멥쌀가루를 방울 모양의 작은 모양으로 만들어 염주처럼 이어 만든 곱장떡이라고 불리어지는 떡도 만들어 먹었다.

5) 청명과 한식

이 즈음에는 연한 쑥을 넣어 만든 절편과 쑥을 넣어 찐 찰떡에 팥과 꿀을 소로 넣어 빚은 쑥단자가 봄의 대표적인 절식의 하나였다.

6) 석가탄신일

4월 초파일의 느티떡과 장미화전은 늦봄의 절식인데, 느티떡은 느티나무의 어린 순을 따서 쌀가루에 넣고 팥고물을 켜켜이 넣어 찐 시루떡으로 그 향과 색을 즐기며 먹었다. 장미화전은 두견화전처럼 찹쌀가루 반죽에 노란 장미꽃을 얹어 지진 것이다.

7) 단오(端午)

단오는 초오(初五)의 뜻으로 5월의 첫째 말(午)의 날을 말한다. 음력으로 오월(五月)은 오월(午月)에 해당하므로 단오(端午)라고 부르는 것이다.

신윤복의 〈단옷날 정경〉

또한, 5월 5일인 단오날을 수릿날이라고 하는데 수리는 우리말의 수레를 의미한다. 이 날은 수리취를 넣어 만든 절편을 즐겨 만들어 먹었는데, 즉 수리취라는 풀을 뜯어 섞어 쪄서 몸이 곱도록 쳐 동글납작하게 빚어서 수레바퀴 문양의 떡살로 찍어 참기름을 발라 낸다. 떡살의 문양이 수레바퀴 모양이어서 차륜병(車輪餠)이라고도 하였으며 수레바퀴처럼 인생이 술술 잘 돌아가기를 뜻하며 장수를 기원하는 의미가 있다.

이 외에도 전염병을 물리치기 위한 민간요법으로 쑥, 창포, 음향 등을 사용하여 음료나 음식을 만들고 부적을 만들었으며, 복숭아나 살구 등 과일즙으로 반죽하여 찹쌀 경단을 만들어 삶아서 잣가루를 입힌 도행병(桃杏餠)을 만들어 먹었다.

8) 유월 유두절(流頭節)

유월 보름에 밀가루를 반죽하여 콩이나 깨에 꿀을 섞은 소를 싸서 찐 상화병이나 밀전병을 만들어 먹었고 더위를 잊기 위해 음료로 꿀물에 둥글게 빚은 흰떡을 넣은 떡수단을 해 먹었다.

9) 칠석과 삼복

견우와 직녀가 만난다는 7월 7일의 칠석날에는 흰 쌀로만 만든 백설기가 여름 떡 중 으뜸인데, 어린이용 간식과 비상식량으로 애용되었다. 삼복날에는 쌀가루에 술을 넣어 반죽하여 알맞게 발효시켜 찐 증편을 만들어 먹었다. 이는 쉽게 상하지 않고 맛이 새콤하여 더운 여름날에 입맛을 돋구는 떡이다. 또한 이때 주악도 만들어 먹었는데 이 떡은 찹쌀을 익반죽하여 소를 넣고 빚어 기름에 지진 떡이므로 증편과 마찬가지로 쉽게 상하지 않는 특징이 있다.

10) 한가위와 중양절

팔월 보름인 추석이 되면 전라도와 경상도의 평야지역 사람들만 겨우 햅쌀을 수확할 수 있었을 뿐 이북 사람들은 햅쌀 구경을 못했다. 따라서 추석은 남부지역 사람들에게 중요한 명절이었다. 안동과 같이 평야가 넓지 않은 곳의 사람들은 추석 때 햅쌀이 나오지 않아 차례를 모시지 않고 태음력 9월 9일인 중양절에 비로소 차례를 모시기도 했으며 특히 올벼를 찧어 만든 오려송편을 차례상에 올렸다.

'양수(陽數)가 겹친다' 하여 명절로 삼았던 음력 9월 9일의 중양절(重陽節)에는 찹쌀가루에 국화꽃잎을 따서 참기름에 지진 국화전을 만들어 가을의 정취를 만끽하였다.

11) 10월 상달

시월상달이란 말은 시월이 일년 중에서 가장 으뜸가는 달이라 해서 붙여진 이름이다.

10월 상달의 마지막 날에는 집집마다 시루떡을 만들어 고사를 지내는데, 이때의 떡은 찰떡, 메떡, 수수떡에 콩, 호박오가리, 곶감, 대추 등을 넣거나 무시루떡을 쪄서 가신(家神)이나 마을의 안녕을 비는 고사를 지냈다. 고사떡은 팥시루떡으로 만드는데 팥을 사용하는 이유는 붉은 색이 악귀를 쫓는다는 속설을 따르는 것이다.

12) 동지(冬至)

동짓(冬至)달 동짓날은 낮의 길이가 가장 짧고 밤의 길이가 가장 긴 날이다.

이 날은 찹쌀가루로 경단을 만들고 팥죽을 끓여 벽에 뿌리며 먹었는데, 이는 붉은색이 귀신을 쫓는 벽사진경의 의미를 담고 있기 때문이다.

13) 납일(蠟日)

납향(蠟享)하는 날이 들어 있다고 하여 납일(蠟日)이라 한다. 납일이란 동지 뒤에 셋째 미일(未日)인데 사람이 살아가는데 도움을 준 천지만물의 신령에게 음덕을 갚는 의미로 제사를 지내는 날이다.

납일에 내린 눈(雪)물을 약물이라 하여 약용으로 쓰거나 음식이 상하지 않는다고 하여 이 물에 적셔 두는 풍습도 있었다.

이때는 멥쌀가루를 시루에 쪄 한참 쳐서 팥소를 넣고 골무모양으로 빚은 골무떡을 먹는다.

4. 통과의례와 떡

통과의례란 사람이 태어나서 죽을 때까지 필연적으로 거치게 되는 몇 차례의 중요한 의례를 말한다. 이러한 중요한 의례에는 사람이 평생을 살아 가면서 꼭 겪고 넘어가야 하는 고비를 잘 넘기기를 기원하는 마음에서 음식을 차려서 이 날을 기념했다.

1) 삼신상과 삼칠일

산모가 아기를 낳으려는 기미가 보이기 시작하면 윗목에 아기를 보호해 주는 삼신에게 안산하도록 기원하는 삼신상을 마련한다. 즉, 소반가운데 쌀을 수북이 쌓아놓고 그 위에 장곽을 걸치고 정화수 세 그릇을 담아 놓는다.

이 때 떡으로는 아무 것도 넣지 않은 순백색의 백설기를 준비하는데 이는 아이와 산모를 속세와 구별하여 산신(産神)의 보호 아래 둔다는 신성의 의미를 담고 있다. 그래서 이 때의 백설기는 집안에 모인 가족이나 가까운 이웃끼리만 나누어 먹고 밖으로는 내보내지 않았다.

2) 백일

아기가 출생한지 백일째 되는 날에는 지금까지 아이가 잘 자라준 것을 축하하고 앞으로도 잘 자라라는 의미를 담고 있다. 이 때에 이르러서 비로소 출산한 가정에서는 조심하던 행동의 자유를 얻어 음식을 이웃과 나누었다. 특히, 백일 떡은 백 집에 나누어 먹어야 아이가 무병장수하고 복을 받는다는 속설이 있어 될 수 있는 대로 많은 이웃과 나누었다. 떡을 받은 집에서는 빈 그릇을 그대로 돌려 보내지 않고 무명실이나 쌀을 담아 보내는 미풍양속이 있는데 이는 아기의 장수와 건강을 기원하는 의미이다. 이 때 떡으로는 백설기, 붉은찰수수경단, 오색송편을 준비한다.

오색송편은 아주 작고 예쁘게 만드는데 이 때 송편을 두 종류로 만드는데 하나는 속을 꽉 차게 만든다. 이는 학문이 꽉 차서 훌륭한 사람이 되라는 뜻이고 또 하나는 속이 비게 만드는데 이는 뜻이나 마음을 넓게 가지고 살라는 의미가 들어 있다.

3) 돌

아이가 태어난 지 만 일년이 되는 첫돌에는 아이의 장수복록을 기원하며 찬란한 의복을 만들어 입히고 돌상을 잘 차린다. 이 때의 떡으로는 인절미, 오색송편, 수수팥경단의 세 종류 외에도 백설기가 오른다. 백설기에는 신성함과 정결함을, 인절미는 끈기 있는 사람이 되라는 기원이, 오색송편은 우주만물과의 조화를, 수수경단에는 악귀를 물리친다는 의미가 담겨 있다.

4) 책례(冊禮)

책례(冊禮)는 아이가 서당에서 어려운 책을 한 권씩 뗄 때마다 이를 축하하고 앞으로 더욱 학문에 정진하라는 격려의 의미로 행하는 의례이다. 이 때는 작은 모양의 속이 꽉 찬 오색송편과 속을 비운 송편을 주로 만들었다. 속이 찬 송편은 학문적 성장을 촉구하는 뜻이 담겨 있고 속을 비운 송편은 마음과 뜻을 넓게 가져 바른 인성을 갖추기를 기원하는 겸손의 의미를 담고 있다.

5) 성년례(成年禮)

성년례(成年禮)는 아이가 자라 나이가 들어감에 따라 어느 시점에 이르러서는 어른으로부터 독립하여 자기의 삶은 자기가 갈무리하라는 책임과 의무를 일깨워 주는 의례이다. 이 날은 각종 떡과 약식을 포함한 많은 음식으로 성인이 된 것을 축하하였다.

6) 혼례(婚禮)

혼례(婚禮)는 이전까지 남남으로 살던 남녀가 한 몸을 이루어 부부가 되기 위해 올리는 성대한 의식이며 남녀가 부부의 인연을 맺는 일생 일대의 가장 중요한 행사 중 하나이다. 혼례에는 사례(四禮)라 하여 의혼(議婚), 납채(納采), 납폐(納幣), 친영(親迎)의 절차가 있는데, 여기에다 문명(問名), 납길(納吉)을 더하여 육례의 여섯 단계로 보기도 한다.

이 중 납채는 신랑집에서 신부집에 함을 보내는 절차로 납폐일에 신부집에서는 함이 들어올 시간에 맞추어 북쪽으로 향한 곳에 돗자리를 깐 다음 상을 놓는다.

그리고 상 위에 붉은색 보를 덮은 뒤 떡시루를 얹어 기다리다가 함이 들어오면 함을 시루 위에 놓고 북향재배(北向再拜)를 한 후 함을 연다. 바로 이 때 사용되는 떡이 봉치떡이다. 봉치떡은 찹쌀 석 되, 팥 한 되로 찹쌀시루떡을 두 켜만 안치되 위 켠 중앙에 밤 한 개와 대추 일곱 개를 방사형으로 올린다. 봉치떡을 찹쌀로 하는 것은 부부의 금실이 찰떡처럼 화목하게 되라는 뜻이며, 떡을 두 켜로 올리는 것은 부부 한쌍을 상징하는 것이다. 또 붉은팥 고물은 화를 피하는 벽화(辟禍)를, 밤 한 개는 딸을 대추 일곱 개는 아들 칠형제를 상징하여 자손이 번창하기를 기원하는 뜻이 담겨 있다.

달떡과 색떡 또한 혼례식에 반드시 사용되는 떡으로 혼례의례상인 동뢰상(同牢床)에 올린다. 둥글게 빚은 흰절편인 달떡은 보름달처럼 밝게 비추고 둥글게 채우며 잘 살도록 기원하는 의미가 담겨 있다.

달떡은 동뢰상 두 번째 줄에 스물 한 개씩 두 그릇을 올린다. 여러 가지 색물을 들여 만든 절편인 색편으로는 한 쌍의 부부를 의미하는 암수 닭 모양 또는 용 한 쌍을 만드는데 수탉(숫용)은 동쪽에, 암탉(암용)은 서쪽에 각각 배설하였다. 혼례 때에는 초례(醮禮)를 행한 신랑에게 신부집에서, 현구고례(見舅姑禮)를 행한 신부에게는 시부모가 각각 큰상을 내리는데, 여기에도 역시 여러 가지 떡이 오르게 된다. 신부집에서 신랑집에 보내는 이바지 음식으로 대개 인절미와 절편으로 만들어 동구리에 푸짐하게 담아 보냈다.

7) 회갑

나이 예순한 살이 되는 생일에는 회갑이라 하여 자손들이 연회를 베풀어 드리게 된다. 회갑(回甲)은 '주년(周年)' 혹은 '환갑(還甲)'이라 하기도 하며, 화(華)자를 풀어 보면 열 십(十)자가 여섯에 일(一)이 하나 남으므로 숫자로 '예순하나'가 된다고 하여 '화갑(華甲)'이라 하기도 한다.

회갑연 때는 큰상을 차리는데 음식을 높이 고이므로 '고배상(高排床)' 또는 바라보는 상이라 하여 '망상(望床)'이라고도 한다. 혼례나 희수연(稀壽宴)에도 큰상을 차리는데, 한국의 상차림 중에서 가장 화려하고 성대한 것이다. 대개 과정류(果飣類), 생과실(生果實), 떡, 전과류(煎果類), 숙육편육류(熟肉片

肉類), 전유어류(煎油魚類), 건어물류(乾魚物類, 肉脯類, 魚脯類), 기타의 음식을 30cm에서 60cm 도까지 원통형으로 고이고 색을 맞추어 두세 줄로 배열한다.

떡은 갖은편이라 하여 백편, 꿀편, 승검초편을 만들어 직사각형으로 크게 썰어 네모진 편틀에 차곡차곡 높이 괸 후 화전이나 주악, 단자 등의 웃기를 얹어 아름답게 장식한다.

또한 인절미 등도 층층이 높이 괴어 주악, 부꾸미, 단자 등의 웃기를 얹는다. 예전에는 색떡으로 나무에 꽃이 핀 모양의 모조화를 만들어 장식하기도 하였다. 회갑연에서 사용했던 떡은 잔치가 끝난 후 서로 나누어 먹는다.

8) 제례와 떡

유식(儒式), 불식(佛式), 무식(巫式) 등 모든 제사에서 행해지는 제상차림은 고대로부터 전래한 것을 바탕으로 하면서 고대부터 현재까지 거쳐오는 동안 알게 모르게 다른 문화와 결합된 상태로 변모해 온 것으로 볼 수 있다.

떡은 제상의 가장 중요한 물목 중의 하나였던 만큼 제례의 형식과 내용에 따라 그 종류와 모양새가 다 달랐다. 유교에서의 제례는 보통 자손들이 고인을 추모하며 올리는 의식이다. 이때 떡은 중요한 음식의 하나로 녹두고물편, 꿀편, 거피팥고물편, 흑임자고물편 등 편류로 준비하여 여러 개 포개어 고이고 위에 주악이나 단자를 웃기로 올린다.

5. 향토성과 떡

삼면이 바다로 둘러 싸여 있는 우리 나라는 남북으로 길게 뻗은 지형적인 특징과 사계절의 구분이 뚜렷하고 지역적으로 기후의 차이가 현저하여 각 고장마다 특색 있는 식품재료가 생산된다. 이러한 각 지역의 식품재료는 그 지방의 풍미를 대표하는 독특한 음식과 별미 떡을 만들어 냈던 것이다.

서울 · 경기도는 떡의 종류가 많고 모양도 멋을 부려 화려하다. 흰 절편에 노랑 · 파랑 · 분홍물을 들인 색떡, 여주산병, 배피떡, 개성 우메기와 개성경단, 웃지지, 각색경단, 수수오가리, 설기(쑥버무리), 쑥갠떡, 밀범벅떡, 백령도김치떡, 개성조랭이떡, 강화근대떡, 개떡 등이 있다.

충청도는 양반과 서민의 떡으로 구분되어 있으며 해장떡, 모듬백이(쇠머리떡), 약편, 곤떡, 볍씨쑥버무리, 막편, 수수팥떡, 호박떡, 꽃난병, 호박송편, 장떡, 감자떡, 도토리떡, 칡개떡, 햇보리개떡 등이 있다.

강원도는 산과 바다가 공존하는 지역으로, 재료도 다양하여 떡의 종류도 많다. 영동과 영서지방의 떡은 조금씩 차이가 있다. 대표적인 떡은 감자시루떡, 감자떡, 감자녹말송편, 감자경단, 언감자떡, 감자부침, 감자투생이, 감자뭉생이 등 감자로 만든 떡이 주류를 이루지만, 댑싸리떡, 메싹떡, 옥수수설기, 옥수수보리개떡, 옥수수칡잎떡, 옥수수시루떡, 팥소흑임자, 율무송편, 방울증편, 메밀총떡, 도토리송편, 무송편, 칡송편, 호박시루떡, 호박단자, 구름떡, 각색차조인절미, 수리취개피떡 등도 알려져 있다.

전라도는 곡식이 가장 많이 생산되어 음식 못지 않게 떡이 사치스럽고 맛 또한 각별스럽다. 보리떡, 밀기울떡, 구기자약떡, 고치떡, 콩대기떡, 웃지지, 차조기떡, 섭전, 주악, 감시리떡, 감고지떡, 감단자, 감인절미, 전주경단, 나복병, 수리취떡, 수리취개떡, 고치떡, 호박고지찰시루편, 호박메시루떡, 풋호박떡, 복령떡, 송피떡, 삘기로 만든 삐삐떡(삘기송편), 해남경단, 매화꽃송편, 모시송편, 나복병 등이 널리 알려져 있으며, 특히 깨떡(깨시루떡)이 유명하다.

쑥갠떡

모듬백이

감자송편

꽃송편

경상도는 각 고장에 따라 떡이 달랐는데, 상주와 문경에는 밤, 대추, 감으로 만든 설기떡을 많이 해 먹고, 경주의 제사떡이 유명하다. 제사편으로 본편과 잔편을 포함하여 열다섯 종류의 떡을 고인다.

본편은 물을 내려서 각색고물, 거피팥고물, 녹두고물을 얹어 찌는 점이 재래의 편이나 떡과 같다. 잔편으로는 주악, 단자류, 잡과편 등 여러 가지 떡을 이용하는데 모시잎을 섞어 만든 모시잎송편은 전라도와 이 고장만의 특징이라 할 수 있다. 이 밖에 밀비지, 만경떡, 감단자, 망개떡, 송편꿀떡, 감자송편, 거창송편, 잡과병, 밀양경단, 유자잎인절미, 도토리찰시루떡, 호박범벅, 곶감호박오가리찰편, 곶감화전, 차노치, 결명자찹쌀부꾸미, 주걱떡, 쑥굴레, 쑥떡, 칡떡, 잣구리, 부편 등 특색 있는 떡 들이다.

제주도는 사면이 바다로 둘러싸인 섬이라 쌀보다 잡곡이 흔하다. 떡의 재료도 메밀, 조, 보리, 고구마가 많이 쓰였다. 다른 지방에 비해 떡 종류가 적고 쌀을 이용한 떡은 귀하게 여겨 제사 때만 썼다. 대표적인 떡으로는 오메기떡, 도돔떡, 침떡(좁쌀시루떡), 차좁쌀떡, 속떡(쑥떡), 돌레떡(경단), 빙떡, 삐대기떡(감게떡), 조침떡, 감제침떡, 은절미, 솔변, 달떡, 절변, 상애떡(상화병), 중괴, 약괴, 우찍, 백시리, 조쌀시리 등이 있다.

황해도는 전라도와 비슷한 지형적 특징으로 조를 떡의 재료로 많이 쓰며 잔치 메시루떡, 무설기떡, 오쟁이떡, 큰송편을 갖고 있으며, 연안인절미, 혼인절편, 수리취인절미, 징편(증편), 꿀물경단, 찹쌀부치기, 잡곡부치기, 좁쌀떡, 수레비떡, 장떡, 우기, 수수무살이, 닭알떡 등을 주로 즐겨먹는다.

함경도는 우리 나라에서 기온이 가장 낮은 고장으로 콩, 조, 강냉이, 수수, 피의 품질이 좋아 이들을 이용해 떡을 만든다. 모양은 떡에 맵시를 부리는 일이 드물어 소박하고 구수하다. 찰떡인절미, 기장인절미, 달떡, 오그랑떡, 찹쌀구비(구이), 구절떡, 감자찰떡, 가랍떡, 콩떡, 깻잎떡, 귀리절편, 괴명떡, 꼬장떡(곱장떡), 언감자떡이 대표적이다.

결명자찹쌀부꾸미

오메기떡

연안인절미

찰떡인절미

놋티(놋치)

6. 떡 만들기의 기초

1) 떡가루 만들기

(1) 멥쌀가루와 찹쌀가루

떡가루는 가루와 물의 배합이 잘 맞아야 떡을 할 때 잘 익으며, 설익거나 질지 않게 된다. 떡에 쓰이는 멥쌀이나 찹쌀은 깨끗이 씻어 일어 물에 불렸다가, 건져 물기를 빼고 소금을 넣어 가루로 빻아 체에 내려 고운 가루를 만든다.

쌀 800g(소두 1되)을 물에 불려 빻을 때 소금 간(1큰술)을 하여 빻으면 12컵(1.2kg) 정도의 쌀가루가 나온다.

멥쌀가루를 빻아 물을 훌훌 뿌려 가며 손으로 비벼서 체에 치는 것을 물 내린다고 하는데 방앗간에서 바로 빻아 왔을 경우 쌀가루 1컵에 1큰술 정도의 물을 넣어 골고루 비벼 체에 내린다. 쌀가루가 말라 있는 정도에 따라 물의 양이 달라지며, 물을 준 후 손으로 뭉쳐 살짝 던져보아 깨지지 않을 정도면 알맞다.

일반적으로 찌는 떡의 쌀가루는 체에 1번 내린 후 사용해야 좋으며, 특히 백설기 등의 떡을 만들 때는 고운 체로 쳐야 부드럽고 폭신한 질감의 떡을 만들 수 있다. 찹쌀가루는 점성이 강하기 때문에 너무 곱게 갈아서 입자가 작으면 입자끼리 꼭 달라붙고 증기가 속까지 미치지 못해 잘 익지 않으므로 멥쌀보다 굵게 갈고 체에 여러 번 내리지 않는다.

1. 멥(찹)쌀에 소금 간하기

2. 멥(찹)쌀가루에 물주기

3. 멥(찹)쌀가루 체내리기

(2) 도토리가루

도토리는 먹을 것이 없던 시절 구황 작물로도 쓰였으나 지금은 자연 건강 식품으로 그 선호도가 매우 높다. 도토리 껍질을 벗겨 물에 일주일 가량 담가 떫은맛을 우려낸 뒤 말려서 가루를 내는데 떡을 할 때엔 쌀가루와 도토리가루를 섞어서 해 먹는다. 곡물이 귀한 산간지방에서는 도토리가 많이 나는 가을에 가루로 만들어 두었다가 주로 겨울에서 이른 봄 사이에 떡으로 만들어 먹는데 도토리의 향과 쫄깃한 맛이 매우 좋다. 요즈음은 방앗간에 가면 겉껍질과 속껍질을 벗겨서 아예 가루로 만들어 주므로 이 가루를 물에 2~3일 우렸다가 웃물을 버리고 앙금을 말려서 쓰면 편리하다.

(3) 승검초가루

당귀싹을 그늘에서 말려 분마기나 절구에 빻아 체에 쳐서 가루로 만들어 쓴다. 승검초가루는 떡가루에 그냥 섞거나 같은 양의 더운물에 불려서 섞어 쓰기도 하는데 승검초 단자, 각색편, 주악 등을 만들기도 하며, 콩가루·송홧가루와 함께 꿀로 반죽하여 다식으로 만들기도 한다.

(4) 송홧가루

봄에 소나무에 노란 송화가 피면, 이를 송이째 따서 바짝 말린다. 큰 자배기에 송이째 어레미에 쳐서 송홧가루를 털고 찬물에 부어 송화가 뜨면, 나무주걱에 붙게 하여 모아 놓는다. 이 송홧가루를 다시 자배기에 넣고 끓인 물을 붓는다. 펄펄 끓인 물을 부으면 2~3년이 지나도 벌레가 생기지 않는다. 송홧가루가 밑으로 가라앉으면 윗물을 따라내고 숟가락으로 건져 한지에 옮기고, 그 위에 한지를 덮어 바짝 말린다. 송홧가루는 다식이나 송화편 등을 만들 때에 사용한다.

(5) 감가루

땡감(떫은 감)의 껍질을 벗겨내고 심과 씨를 없앤 후 얇게 저며 볕에 바싹 말린 다음, 빻아 고운체에 쳐서 가루로 만든다. 냉동고에 보관해 두었다가 쌀가루에 섞어 석탄병이나 각종 떡에 넣는다.

(6) 석이버섯가루

석이버섯을 뜨거운 물에 담가 불려서 석이의 배꼽과 이끼를 제거하고 손으로 비벼 맑은 물이 나올 때까지 깨끗이 씻은 후 물기를 꼭 짠다. 이것을 채반에 널어 통풍과 볕이 잘 드는 곳에서 바싹 말린 다음, 분마기나 절구에 빻아 고운체에 쳐 봉지에 넣어 두고 쓰는데 석이단자, 석이병 등 각종 떡에 넣는다.

(7) 볶은 팥앙금가루

붉은팥을 깨끗이 씻어 돌을 인 다음 팥에 물을 붓고 삶다가 끓으면 물을 버리고 다시 찬물을 부어 팥이 푹 무를 때까지 삶아 주물러 어레미에 내리고 남은 건지는 물을 부어 주물러서 다시 고운 체에 내린 다음 고운 면주머니에 준비한 팥물을 붓고 물기를 꼭 짜 팥앙금을 만든다. 한지에 펼쳐 햇볕에 말리거나 번철에 볶아 쓰는데, 설탕을 넣고 볶아 가루를 만들기도 한다. 쌀가루에 섞어 맛을 내거나 구름떡이나 각종 인절미 등의 고물로 사용된다.

1. 팥 삶기

2. 새 물 붓고 팥 다시 삶기

3. 삶은 팥 체에 내리기

4. 팥앙금 짜기

5. 팥 앙금 볶기

(8) 경앗가루

붉은 팥으로 팥앙금을 내어 물기를 꼭 짜서 햇볕에 말려 가루로 낸 다음 참기름에 고루 비벼 다시 말린다. 이렇게 참기름에 비벼 말리기를 서너 번 반복하여 체에 친 것으로 개성경단에 쓰인다.

2) 고물 만드는 법

(1) 붉은팥고물

붉은팥을 깨끗이 씻어 돌을 인 다음 물을 부어 삶다가 끓으면 그 물을 버리고, 다시 찬물을 부어 팥이 푹 무를 때까지 삶는다(8시간 정도). 이 때 너무 푹 삶지 말아야 하며, 거의 익으면 물을 따라 내고 낮은 불에서 뜸을 들인 후 소금 간을 하고 (팥 5컵에 소금 1큰술) 절구에 대강 찧거나 주걱으로 조금만 으깬다. 팥고물은 만들어 붉은팥시루떡, 무시루떡, 수수팥경단, 해장떡 등에 이용된다. 시루떡에 켜켜로 뿌리는 고물이므로 질지 않게 만들고 붉은팥고물의 분량은 쌀의 절반쯤이면 넉넉하다.

1. 팥 삶기

2. 새 물 붓고 팥 다시 삶기

3. 삶은 팥 물 따라 내기

4. 소금 간하여 팥 찧기

(2) 거피팥고물

푸른팥을 반쪽이 날 정도로 맷돌에 타서 미지근한 물에 담가 8시간 이상 충분히 불린다. 불린 팥을 제 물에서 거친 그릇에 담고 문지르거나 손으로 비벼 씻어 껍질을 조리로 건져가며 남아 있는 껍질을 없앤다. 조리로 돌을 인 뒤 찬물로 여러 번 헹구어 소쿠리에 건져 물기를 빼고, 찜통에 베보자기를 깔고 센 불에서 김 오른 후 팥을 40분 정도 쪄낸 후 팥을 쏟아 소금 간을 한다.

떡고물로 할 경우 방망이로 조금만 으깨어 사용하고 거피팥으로 팥소나 경단에 이용할 때는 굵은(어레미)체에 걸러 내려서 사용한다.

1. 거피팥 물에 불리기

2. 거피팥 찌기

3. 삶은 거피팥 어레미에 내리기

(3) 볶은 거피 팥고물

거피팥을 물에 불려 껍질 없이 씻어서 찜통이나 시루에 푹 쪄, 뜨거울 때 어레미에 내리고 넓은 번철에 진간장, 흰설탕, 황설탕, 계핏가루를 넣어서 양념하여 팥을 말리는 상태로 보슬보슬하게 볶아 체에 내린다. 두텁떡 등의 고물이나 거피팥 고물에 꿀과 계핏가루를 섞어 송편이나 쑥구리단자 등에 소로 사용한다.

1. 거피팥 물에 불리기

2. 거피팥 찌기

3. 삶은 거피팥 어레미에 내리기

4. 거피팥고물 볶기

(4) 녹두고물

녹두를 반쪽이 날 정도로 맷돌에 타서 미지근한 물에 담가 6시간 이상 불린 다음 거친 그릇에 담고 제물에서 문지르거나 손으로 비벼, 껍질을 조리로 건져 가며 물로 여러 번 헹구어서 껍질을 완전히 없앤다.

박박 문질러 푸른 물이 쪽 빠져야 색이 곱고 깨끗하다. 이것을 조리로 일어 소쿠리에 건져 물기를 뺀 뒤, 젖은 베보자기를 깔고 찜통이나 시루에 40분간 쪄낸다. 녹두를 통으로 쓸 경우에는 그대로 사용하고 찐 것을 방망이로 찧어 어레미에 내려 센 불에서 김 오른 후 고물로 만들어서 쓴다.

(5) 밤고물

밤을 깨끗이 씻고 물을 부어 통째로 푹 삶아 찬물에 담갔다가 건져, 겉껍질과 속껍질까지 모두 벗겨 소금을 넣고, 절구에 찧어서 어레미에 내려 단자, 경단, 송편 등의 소나 고물로 사용한다.

1. 녹두 불려 비비기

2. 거피하여 일기

3. 찜통에 녹두 찌기

4. 찐 녹두 어레미에 내리기

(6) 콩고물

콩은 깨끗한 것을 골라 씻어서 불리지 않고 바로 소쿠리에 건져 물기를 뺀 후 찜통에 찌거나, 큰 솥에서 타지 않게 볶아 분마기에 굵게 갈아 키로 까불어 껍질과 싸래기를 버리고 다시 분마기에 갈아 소금을 조금 넣어 고운 체에 내려 콩가루를 만든다.

노란콩으로 하면 노란콩가루, 서리태나 청태 등의 푸른콩으로 하면 푸른콩가루를 만들 수 있다. 요즘은 방앗간에서 가루로 만들어 쓰며 소금 대신 설탕을 넣기도 하고 인절미, 경단, 다식 등에 사용된다.

(7) 찌는 콩고물

반으로 쪼갠 콩을 씻어 불리지 않고 바로 물기를 제거한 후 김 오른 찜기에 올려 쪄낸 다음 스텐볼에 쏟아 뜨거운 김을 날린 후 방망이로 대충 찧어 어레미에 내린다. 여름철 편이나 떡의 고물로 사용된다.

(8) 동부콩고물

마른 동부콩을 물에 충분히 불린 후(8시간 정도) 김 오른 찜기에서 김 오른 후 40분 정도 찐 다음 스텐볼에 쏟아 뜨거운 김을 날린 후 방망이로 찧어 어레미에 내린다. 풋동부콩을 사용할 때는 물에 불리지 않고 껍질을 벗겨서 푹 쪄서 방망이로 찧어 사용한다.

(9) 실깨고물

깨를 물에 씻어 돌 없이 잘 일어 흠이 있는 자배기나 얇은 망에 담아 물을 조금 붓고 손으로 비벼서 껍질을 벗긴다. 물에 씻어 위에 뜨는 빈 껍질을 조리로 건져 내고, 알맹이만 건져 내어 물기를 빼고, 넓은 솥에 타지 않게 살살 볶는다.

깨가 통통해지고 손끝으로 집어 비벼서 부서지면 다 볶아진 것이므로 편고물이나 송편과 주악의 소를 사용할 때는 꺼내어 절구나 분마기에 약간 찧어 체에 내려서 소금 간을 한다. 강정고물이나 산자고물에 쓸 때는 볶아 낸 후 그대로 사용한다.

1. 깨 물에 불리기

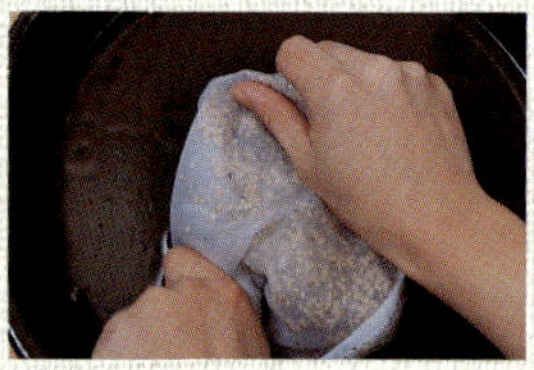

2. 껍질 벗기기

3. 껍질 따라 내어 일기

4. 실깨 볶기

(10) 흑임자고물

흑임자(검정깨)는 씻어 일어서 물기를 뺀 다음 넓은 그릇에 타지 않게 살살 볶은 후 절구나 분마기에 빻아 체에 쳐서 소금 간을 하여 편고물이나 경단고물에 사용한다.

(11) 대추채 · 밤채 · 석이버섯채

대추채는 굵고 통통한 대추를 골라 젖은 행주로 닦고 돌려깍기를 하여 씨를 뺀 다음, 밀대로 얇게 밀어 곱게 채 친다.

1. 석이버섯 손질하기

2. 고명 썰기

밤채는 겉껍질, 속껍질을 깨끗이 벗긴 다음 곱게 채 치며 석이버섯채는 석이를 따뜻한 물에 담갔다가 배꼽을 떼고 손으로 비벼 속의 이끼 막을 완전히 벗긴 후 깨끗한 물이 나올 때까지 씻어 물기를 짠 다음 곱게 채 썬다.

김이 오르는 찜통에 살짝 쪄서 사용하면 더욱 부드럽다. 각색편과 단자고물로 사용된다.

(12) 잣고물

잣은 고깔을 떼어 내고 마른 행주로 먼지를 닦은 후 종이를 깔고 칼날로 다진다. 잣은 기름기가 많아 절구에 넣어 찧거나 칼등으로 으깨면 덩어리가 지므로 주의한다.

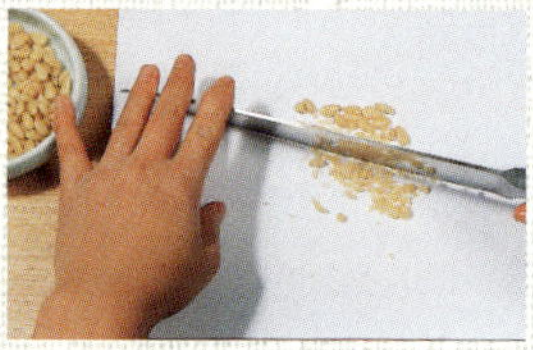

1. 칼로 잣 다지기

2. 잣 갈기

3) 떡 찌는 법

(1) 쌀가루에 물 내리기

준비한 쌀가루를 체에 한 번 친 후 큰 그릇에 펼쳐 담고 물이나 설탕물을 솔솔 뿌린 뒤, 가루를 두 손바닥 사이에 넣고 고루 비빈다. 이 때 쌀가루에 뿌리는 (설탕)물의 양은 떡에 따라 약간 차이가 있기는 하지만 대략 쌀가루 1컵당 1큰술이면 적당하다.

1. 멥(찹)쌀가루 체에 내리기

고루 비벼 쌀가루의 몽우리가 다 없어지면 1큰술이다. 쌀가루를 한줌 쥐었다. 폈을 때 쥔 모양 그대로 있으면 알맞은 것이다. 물 내린 쌀가루는 체에 다시 한 번 내려서 사용한다.

2. 멥(찹)쌀가루에 물주기

(2) 떡의 간 맞추기

멥(찹)쌀에 소금간하기

떡의 간은 기본적으로 떡고물로 맞추게 되어 있지만, 떡 자체에 전혀 간이 없으면 떡 맛이 제대로 나지 않는다. 따라서 반드시 떡가루 낼 때 소두 1되, 쌀 800g당 소금 1큰술 정도를 넣도록 한다. 만일 떡가루를 만들 때 소금을 넣지 않았으면 떡가루에 물을 내리거나 반죽을 할 때 소금을 물에 타서 쓴다.

인절미처럼 가루를 내지 않고 쌀을 쪄서 만들 때에는 쌀을 안쳐 찌다가 김이 오르면서 구수한 냄새가 날 때 소금물(찹쌀 5컵 당 간간한 소금물 1/2컵)을 뿌려 푹 뜸을 들인다.

차좁쌀을 쪄서 만들 때에는 소금물을 뿌리는 대신 고운 소금을 훌훌 뿌려 뜸을 들인다. 차좁쌀은 물기를 빨리 빨아들이므로 김을 올리면서 소금물을 뿌리면 찔 때 눅진한 감이 있다.

(3) 떡가루 안치기

시루에 안치기

대나무 찜통에 안치기

시루밑이나 젖은 베보자기를 시루에 깐다.

시루밑을 깔았으면 그 위에 먼저 고물을 뿌린 다음 떡가루를 안치고 다시 떡고물을 뿌린다. 같은 방법으로 켜켜이 안친다. 떡가루가 멥쌀일 때에는 떡켜를 두껍게 해도 되지만 찹쌀일 때에는 떡가루를 한꺼번에 다 안치지 말고 김을 올려 가면서 여러 번에 나누어 안쳐야 잘 익는다.

떡가루를 다 안쳤으면 그 위에 베보자기나 한지를 덮고 시루 뚜껑을 덮는다. 그런데 시루 뚜껑만 덮으면 김이 잘 빠지지 않아 시루 안에 군물이 생겨 떡이 잘 쪄지지 않는다.

시루를 솥에 걸고 김이 새어 나가지 않도록 시루와 솥 사이에 시룻번을 바른다. 시룻번은 밀가루나 쌀무거리를 반죽하여 직경 1cm 정도로 가늘고 길게 만들어 시루와 솥 사이를 돌려 가면서 밀착시켜 바른다.

(4) 떡 찌기

1. 떡가루 시루에 고루펴기

2. 시룻번 붙이기

떡을 찔 때에는 김을 잘 올리고 뜸을 알맞게 들여야 맛있는 떡이 된다. 특히 불을 잘 조절해야 하는데, 김을 잘 오르게 한다고 하여 불을 너무 세게 하면 불길이 솥 주위로 가서 떡이 익기도 전에 가루가 먼저 마르며 떡이 설익게 된다. 또한 불길이 너무 앞쪽으로 가게 되면 뒤쪽의 떡이 설게 되고, 반대로 불길이 뒤쪽으로 가게 되면 앞쪽의 떡이 설게 되므로 주의한다.

흰떡은 뜸을 너무 오래 들이면 색이 누렇게 변색될 우려가 있으므로 특히 시간 조절을 잘 해야 한다.

빚은 떡을 찔 때에는 반드시 사이를 두고 놓아서 쪄야 서로 붙지를 않는다. 또한 먼저 빚은 떡을 한 켜만 놓고 찌다가, 김이 나면 다시 나머지 빚은 떡을 모두 얹어 단숨에 김을 올려 찐다.

찰떡은 더운 김이 떡가루 사이로 잘 오르지 못하여 중간이 설게 되는 수도 있다. 따라서 찰떡을 찔 때에는 시루밑 바로 위에 고물 무거리를 두껍게 한 켜 깔고 메떡을 한 켜 안친 다음 찰떡을 안친다.

한과

1. 한과의 유래와 역사

1) 한과의 유래

우리나라에서는 전통적으로 과자를 가리켜 과정류(菓飣類) 또는 과줄이라고 한다.

본래는 생과(生果)와 비교해서 가공하여 만든 것으로 과일의 대용품이라는 뜻에서 조과(造菓)라고 하였다. 초기에는 중국 한대에 들어왔다 하여 한과(漢菓)라고도 불리우다가 외래과자(洋菓)와 구별하기 위해 한과(韓菓)로 부르게 되었다. 한편, 과(果)란 말은 《삼국유사(三國遺事)》의 가락국기(駕洛國記) 수로왕조(首露王條)에 처음 나오는데, 수로왕묘 제수에 과(果)가 쓰였음이 기록되어 있다. 제수(祭需)로 쓰는 과(果)는 본래 자연의 과일인데, 과일이 없는 계절에는 곡분으로 과일의 형태를 만들고, 여기에 과수(果樹)의 가지를 꽂아서 제수로 삼았다고 한다.이러한 사실을 뒷받침하는 것으로, 《성호사설(星湖僿說), 1763년》에 조과가 제수로 쓰이고 있음이 기록되어 있다.

2) 한과의 역사

(1) 삼국시대 및 통일신라시대

《삼국유사》의 가락국기 수로왕조에 과(果)가 제수로서 처음 나오고 신문왕 3년(683) 왕비를 맞이할 때 폐백품목으로 쌀, 술, 장, 꿀, 기름, 메주(豉) 등이 기록되어 있는데 쌀, 꿀, 기름 등 과정류에 필요한 재료가 있었으므로 이미 한과류를 만들었다고 추정할 수 있다. 또한 통일신라시대부터 차 마시는 풍습이 성행하면서 진다례, 다정모임 등의 의식에 따른 다과상이 발달하였고, 과정류가 차와 잘 어울리는 음식이라는 사실로 미루어 볼 때 이미 삼국시대에 한과가 만들어졌음을 짐작케 한다.

(2) 고려시대

유밀과는 국가의 불교적 대행사인 연등회연, 팔관회연뿐만 아니라 공사연회(公私宴會)제사에 필수 음식이었고, 왕공(王公) · 귀족 · 사원의 행사에 반드시 고임상으로 올려졌다. 또한 《오주연문장전산고》에 충렬왕 22년(1296) 원나라 세자의 결혼식에 참석하기 위하여 원나라에 간 왕이 결혼식 연회에 본국에서 가져간 유밀과를 차려 그곳 사람들로부터 격찬을 받았다는 기록이 있어 유밀과가 국외에까지 전파되었음과 고려에서는 납폐음식의 하나였음을 알 수 있다.

이로부터 원나라에서 우리나라의 유밀과를 '고려병(高麗餠)'이라 하였으며 고려병을 '약과(藥菓)'라고 부르며 즐겨 찾게 되었다.

《고려사》에 의하면 명종 22년(1192)에는 유밀과의 사용을 금지하고 유밀과 대신 나무열매를 쓰라고 하였으며, 공민왕 2년(1353)에도 유밀과의 사용금지령을 내렸음을 미루어 볼 때 이 시기에 유밀과가 얼마나 성행했는가를 짐작할 수 있다.

(3) 조선시대

조선시대는 고려시대에 이어 과정류가 한국인의 의례식품 · 기호식품으로 숭상되었으며 왕실, 반가와 귀족들 사이에서 성행하여 세찬(歲饌)이나 제품(祭品), 각종 연회상에는 빠질 수 없었던 행사식으로 쓰였다.

그 중에서도 특히 유밀과나 강정 같은 과자는 민가에까지도 널리 유행하였으며 주로 설날음식이나 혼례, 회갑, 제사음식으로 반드시 만들어야 했다. 이처럼 과정류가 성행하자 이 시대에도 금지령이 내려졌다고 한다.

(4) 현대의 과자

1900년대 서구의 식생활 문화가 유입되면서 우리 고유의 전통 한과는 서양과자에 밀려 그 설 자리를 서서히 잃어가고 있었다.

밀가루 · 설탕 · 유제품을 재료로 해서 만든 과자류는 더욱 다양해지고 풍성해진 반면 전통 과정류는 복잡하고 까다로운 공정 때문에 상대적으로 점차 그 기호도를 잃어가게 되었다. 최근에는 의례가 간소화되긴 하였지만 명절, 제사, 혼인, 경사스런 날의 선물로써 한과가 그 명맥을 이어가고 있다.

2. 한과류의 분류

1) 유밀과류(油蜜菓類)

유밀과는 밀가루에 꿀과 기름을 넣고 반죽해 모양을 만들어서 기름에 지져낸 다음 즙청한 것이다. 원래는 불교의 소찬이었으나 제상이나 큰상의 고임상과 진상품, 혼례 때의 납폐음식으로 쓰였고 멀리 국외에까지 그 명성을 떨쳤다.

유밀과에는

- 약과류－약과, 대약과, 소약과, 모약과, 밤약과, 연약과
- 만두과류－만두약과, 대만두과, 소만두과
- 다식과류－다식약과, 대다식과, 소다식과
- 박계류－대박계, 중박계, 소박계
- 매작과, 차수과, 채소과
- 요화과류－요화과, 홍백세건반요화과, 백세건반요화과, 홍세건반요화과, 삼색요화과 등이 있다.

2) 유과류(油菓類)

유과는 찹쌀가루에 술을 넣고 반죽하여 찐 다음 꽈리가 일도록 저어서 모양을 만들어 건조시켜 기름에 지져낸 다음 엿물이나 꿀을 묻혀 다시 고물을 입힌 것으로 모양과 고물의 색에 따라 여러 이름이 붙게 된다. 한과 중 가장 최고급으로 꼽히며 만드는 정성과 아울러 입에 넣으면 바삭하게 부서지면서 사르르 녹는 맛은 과히 일품이다. 젯상이나 혼례상, 정월 세찬 및 좋은 날에 축하선물로 손꼽히게 되었다.

유과류에는

· 산자류-수복산자, 매화산자, 묘화산자

· 강정류-손가락강정, 방울강정

· 빈사과류, 감사과류, 연사과류 등이 있다.

3) 정과류(正果類)

정과는 식물의 뿌리나 줄기 또는 열매를 데쳐 조직을 연하게 한 다음 설탕시럽이나 물엿, 꿀에 오랫동안 조린 것으로 전과(煎果)라고도 한다. 명절이나 손님접대의 다과상에 오르며 특히 젯상에는 제기에 괴어 담고 잔치의 큰상에는 평접시에 괴어 담는다.

정과는 보통 한가지만 만드는 게 아니라 여러 가지 종류를 달콤하고 쫄깃하게 만들어 한 접시에 옆옆이 담아 낸다. 정과의 종류는 끈적끈적하게 물기가 있게 만드는 진정과와 이를 설탕에 굴려서 아주 마르게 만드는 건정과가 있다. 예컨대 수삼정과, 도라지정과, 우엉정과, 당근정과, 생강정과, 연근정과, 더덕정과, 박고지정과, 무정과, 건포도정과, 행인정과, 사과정과, 모과정과, 동아정과, 귤정과, 죽순정과, 산사정과, 청매정과, 복숭아정과, 유자정과, 앵두정과, 살구정과, 문동(맥문동, 천문동)정과, 배정과, 들쭉정과, 복분자정과, 수박정과, 대추정과, 송이정과 등이 옛 문헌에 기록되어 있다.

4) 숙실과류(熟實菓類)

숙실과는 과수의 열매나 식물의 뿌리를 익혀서 꿀에 조린 것으로 초(炒)와 란(卵)으로 구분할 수 있다.

초(炒)는 과수의 열매를 통째로 익혀서 원래의 형태가 그대로 유지되도록 윤기나게 조린 것으로 밤초와 대추초를 들 수 있다. 란(卵)은 열매를 익힌 뒤 으깨어 설탕이나 꿀에 조린 다음 다시 원래의 모양으로 빚은 것으로 율란과 조란, 생(강)란 등이 있다. 이들 역시 다과상에 주로 올리며 한 접시에 보통 두세 가지를 옆옆이 담아서 낸다.

5) 다식류(茶食類)

다식은 날로 먹을 수 있는 것들을 가루로 내어 꿀로 반죽하여 다식판에 박아낸 것으로 주로 차를 마실 때 곁들이는 과자이다. 다식은 유밀과처럼 일반화되지는 않았으나 나라의 대연회에 사용했고, 혼례상이나 회갑상, 제사상 등 의례상에는 반드시 올렸다. 수(壽)·복(福)·강(康)·녕(寧)의 인간의 복을 비는 글귀를 비롯해서 꽃무늬, 수레바퀴 모양, 나비, 새, 물고기, 완자무늬에 이르기까지 조각의 모양새가 정교한 다식의 특징은 다식판의 그 정교한 문양에 있다. 다식은 주재료나 색에 따라 오방색다식, 송화다식, 승검초다식, 콩다식, 흑임자다식, 쌀다식, 진말다식, 밤다식, 오미자다식, 산약다식, 육포다식, 새우다식, 북어포다식 등 그 이름을 달리 한다.

6) 과편류(果片類)

과편은 주로 과일즙 또는 과일을 삶아 거른 즙에 설탕이나 꿀을 넣고 조리다가 녹말물을 넣어 엉기도록 한 다음 그릇에 쏟아 식힌 다음 편으로 썬 것이다. 새콤달콤한 맛과 아울러 목구멍에 넘어갈 때의 말랑말랑하고 매끄러운 질감은 일품이다.

과편에 사용되는 과일에 따라 예컨대 오미자편, 복분자편, 살구편, 앵두편, 키위(양다래)편, 오렌지편, 귤편, 생강편, 유자편, 모과편, 산사편, 버찌편, 들쭉편 등 그 이름이 달라진다.

7) 엿강정류(飴强精類)

엿강정은 여러 가지 견과류나 곡식을 볶거나 따끈하게 데워서 설탕, 물엿, 조청을 끓인 시럽에 버무려 서로 엉기게 한 다음 반대기를 지어서 약간 굳으면 모양내어 썬 것이다. 주로 곡물의 씨앗을 재료로 쓰므로 영양학적으로도 손색이 없는 한과이며 설날 세찬으로 반드시 마련하던 것으로 세배하러 오는 아이들에게 간식이나 선물로 주기도 하였다. 엿강정의 재료로 주로 흑임자, 들깨, 참깨, 검정콩, 땅콩, 호두, 잣, 쌀 튀긴 것 등을 쓰며 웃고명으로는 잣, 호두, 대추, 호박씨를 박아 모양뿐만 아니라 고소한 맛과 향기를 더한다.

8) 엿류와 당류

엿은 곡식에 엿기름을 섞어 당화시켜 조린 것으로 검은엿, 흰엿, 갱엿, 콩엿, 밤엿, 깨엿, 호도엿, 잣엿, 수수엿, 땅콩엿, 무엿, 보리엿, 고구마엿, 대추엿, 호박엿, 돼지고기엿, 꿩엿, 닭엿 등이 있다.

당(糖)은 설탕을 여러 모양으로 고형화시킨 것으로 사탕, 대사탕, 팔보당, 옥춘당 등의 각색당이 있다.

결혼이나 회갑연의 큰상차림에는 반드시 엿과 당이 차려졌으나 가정에서 만들기보다는 대부분 전문점에서 구입하는 경향이 있다.

3. 세시 풍속의 한과와 음청류

1) 정월

정초에 차례상에 올려지는 음식과 세배 손님들에게 내는 음식을 모두 세찬이라고 하는데 정월 세찬에는 강정과 산자를 비롯한 유과류, 엿강정, 약과, 다식, 숙실과 등이 있다.

대보름날에는 오곡밥과 묵은 나물, 부럼, 귀밝이술과 함께 약식을 만들어서 나누어 먹는다.

특히 호두나 밤, 잣, 땅콩 등을 깨어 먹는 풍습은 치아도 튼튼해지고 피부병도 막을 수 있을 뿐만 아니라 나쁜 귀신이 깨물어 먹는 소리에 놀라 달아 난다고 믿어 크게 소리 나는 과일과 과자를 먹었는데 바로 산자와 엿강정을 들 수 있다.

2) 이월

중화절은 농사의 시작을 알리는 날로, 일꾼들에게 커다랗게 만든 증편과 떡을 나누어 주는 풍습과 농촌에서는 집안에 쥐와 벌레가 없어지기를 바라는 마음에서 콩을 볶아 먹고 던지기도 하였으며 볶은콩을 엿에 넣어 콩엿을 만들어 먹기도 하였다.

3) 삼월

강남 갔던 제비가 돌아온다는 삼짇날에는 집안의 우환을 없애고 소원성취를 비는 산제를 올렸다. 이날 아낙네들은 진달래꽃을 따다 화전을 지지고 화채를 만들어 봄날의 정취를 만끽하였다. 또한 오미자 우린물에 과일화채나 녹두녹말로 만든 과편이나 창면, 국수를 즐겨 만들어 먹었다.

4) 사월

한식은 동지 후 105일째 되는 불씨를 바꾸는 날로 이 날엔 불을 쓰지 못하므로 뜨거운 음식은 피하고 찬 음식으로 제수를 장만해서 종묘나 능, 묘에 가서 제사를 지낸다. 이를 위해 특별히 만드는 과자는 없지만 제물에 쓰던 과자는 그대로 썼다.

초파일에는 느티나무의 연한 잎으로 떡을 해서 부처님께 공양하고 나누어 먹거나 검정콩을 넣은 콩설기를 해먹었다.

또한 이날 검정콩을 볶아 길에서 만나는 이들과 나누어 먹으면 인연을 맺는다는 불가의 풍속이 있다.

5) 오월

단옷날의 5일은 수릿날, 중절, 천중절이라 해서 양기(陽氣)가 가장 왕성한 날로 수레바퀴 모양의 수리취절편이나 쑥절편을 만들어 먹는 풍습이 있었다.

한편 궁에서는 오매육, 초과, 백단향, 사인을 곱게 갈아 꿀과 함께 고(膏)의 상태가 될 때까지 오랫동안 조려 두었다가 찬물에 타서 마시는 제호탕이 단오절식으로 잘 알려져 있다.

또한 앵두가 나오는 철이라 앵두화채를 만들기도 하고 앵두 으깬 것을 삶아 녹두녹말과 꿀을 넣어 굳힌 앵두과편을 만들어 먹기도 한다.

6) 유월

유월 보름인 유두일에는 떡을 만들어 논에 나가 농신(農神)께 풍년을 축원하였으며, 동쪽 개울물에 나아가 머리를 감고 발을 물에 담가 시원함을 즐겼다. 절식으로는 보리, 밀 등 햇것으로 전병을 부쳐 먹고, 음료로는 가래떡을 둥글게 빚어 삶아서 꿀물에 넣은 떡수단을 만들어 먹었다.

7) 칠월

칠석날은 견우직녀가 만나는 날로 쌀가루로 만든 백설기나 증편을 나누어 먹었다.

백중은 불교에서 효성의 지극함을 나타내는 기일이며 조상의 혼을 천도하는 날로 망혼을 위하여 절에서 제를 올리는데 일반 제사에 올려지는 것과 같은 과자를 쓴다.

8) 팔월

한가위는 일 년 농사를 지어 결실을 얻는 때라 곡식은 물론 밤, 대추 등 과일과 채소 모든 것이 풍성하다. 햅쌀로 많이 빚어 솔잎에 넣어 찐 송편뿐만 아니라 율란, 조란, 밤초, 대추초 같은 숙실과와 정과도 만든다. 제수는 햇과일인 생률, 풋대추, 감, 배, 사과,

포도 등과 햇곡식으로 만든 다식, 엿강정, 숙실과가 올려졌다. 음료로는 과일로 만든 음청류가 제격으로 배를 생강물에 넣고 달게 끓여낸 배숙이 대표적인 추석 음료이다.

9) 구월

구월 구일은 중양절 또는 중구, 중광 등이라고 하는데 양수가 겹친 날이라 하여 명절로 치며, 추석 제사 때 못 잡순 조상께 제사를 지내는 날이기도 하다. 이때는 국화가 한철이라 국화전을 부치고 국화주를 담는다. 음력 구월 하순께는 향이 좋은 유자와 모과가 나오므로 유자차나 유자화채, 유자정과, 유자편, 모과차, 모과편 등을 만들어 먹었다.

10) 시월

시월 상달은 농사를 마무리하는 때이므로 시루를 여러 개 마련하여 집안 곳곳에 붉은 팥으로 고사 시루떡을 해놓고, 성주신에게 가문과 가정의 안택을 빌며, 집에서 제사를 받들지 않는 조상들께도 한날 다같이 가문의 번창을 비는 제를 묘제로 지냈다. 또한 이때에는 명절에 쓸 유과 바탕을 만들어 말려 두거나 차후에 대비하여 엿을 고아 단지에 담아 두었다.

11) 동지(冬至)

옛날에는 동지를 '작은 설' 이라고 하여 팥죽을 쑤어 집안 곳곳에 뿌려 나쁜 액을 막았으며, 찹쌀경단을 나이 수대로 팥죽에 넣어 먹었다.

음료로는 계피와 생강물을 달여 곶감을 띄워 수정과를 만들어 마셨다.

궁중에서는 소족(足)이나 꼬리에 대추, 계피, 후추, 꿀 등을 넣어 푹 고아 편(전약)을 만들어 먹었다. 이는 악귀를 물리치고 한방약재를 더함으로써 몸을 보했던 겨울 보신음식으로 내의원에서 만들어 왕에게 올리고, 왕은 다시 신하에게 하사하던 귀한 음식이었다.

12) 섣달

납일, 제석, 세제라 하며 일 년의 마지막날이므로 한해를 잘 마무리하기 위해 집안팎을 깨끗이 하는 풍습이 있다. 불을 환하게 밝혀 새해를 맞고 잡귀가 들지 않도록 지키는 의미에서 잠을 자지 않았으며, 바느질거리도 끝내야 하고, 또한 음식도 남김없이 먹어야 했다.

그래서 남은 재료들을 모두 넣고 비벼 먹은 데서 비빔밥의 유래가 생겼다고 전해진다. 특별한 절식이 있었던 것은 아니지만 엿강정, 유과, 엿, 약과, 다식, 식혜, 수정과 등의 설맞이 음식을 만들었다

4. 의례와 한과

1) 혼례(婚禮)

혼례는 남녀가 부부의 인연을 맺는 일생일대의 가장 중요한 행사 중 하나이다. 혼례에는 사례(四禮)라 하여 의혼(議婚), 납채(納采), 납폐(納幣), 친영(親迎)의 절차가 있는데 여기에다 문명(問名), 납길(納吉)을 더하여 육례의 여섯 단계로 보기도 한다. 문헌에 의하면 고려시대에는 납폐 음식으로 유밀과가 쓰였음을 알 수 있다.

옛날에는 혼례가 끝나면 신부집에서 장가온 신랑에게 큰상(고배상(高排床))을 차려서 축하해 주었는데 큰상에는 각색편과 강정, 약과, 산자, 다식, 숙실과, 생실과, 당속류, 정과 등의 한과류와 전유어, 편육, 적, 포 등의 찬품을 차린다. 그리고 그 후행(後行), 또는 상객(上客)이 돌아갈 때 각종 음식을 석작에 담아 신랑집으로 가져갔는데 이것을 이바지음식이라고 한다.

한편 새색시가 사흘 만에 시댁으로 가는 것을 신행(新行)이라고 하는데 신랑집에서도 역시 신부에게 큰상을 차려 주며 신부와 함께 왔던 후행이 돌아갈 때도 마찬가지로 석작에 음식을 담아 보내는 풍습이 있다. 이바지음식과 신행 때 보내는 석작에는 대개 인절미와 절편 등의 떡과 함께 유과를 풍성하게 담아 정성을 나타내었다.

2) 회갑례

부모가 예순 한 살이 되는 생일에는 회갑(回甲)이라 하여 자손들이 모여 연회를 베풀고 축하드리는 풍습이 전해져 온다. 이때는 혼례 때와 마찬가지로 큰상(고배상)을 차리는데 이는 상차림 중에서 가장 화려하고 성대하다. 큰상에는 떡, 과자, 생과, 숙실과와 숙육 · 편육류, 전유어, 건어물, 육포 등 여러 가지 찬물들을 높이 쌓아 차리는데 고배상에 차리는 음식의 가짓수나 높이, 놓는 위치 등에 대해 정해진 규정이 없다. 다만 일반적으로 과자류와 생과 등을 앞줄에 놓고, 상을 받으시는 분 가까이에 찬물과 떡 등을 차린다.

혼례나 회갑 등과 같은 경사스런 날의 큰상에는 약과, 중박계, 요화과, 숙실과, 정과, 다식 등의 한과가 올려지는데 이들을 상에 올릴 때는 30cm에서 높게는 60cm까지 원통형으로 고이며, 그냥 밋밋하게 쌓아 올리는 것이 아니라 축(祝), 복(福), 수(壽) 등의 길상문자를 넣고, 또 색상을 조화시키면서 고여 올라간다.

3) 회혼례

회혼례는 백년가약을 맺은 지 60년이 되는 날을 축하하는 잔치로 자손들이 모두 생존해 있어야만 치를 수 있었다. 부부가 명이 길어 회혼례를 하는 경우는 극히 드문 일로 모두가 부러워하는 잔치였다.

또한 고배상도 혼례상처럼 차리고 고배례를 거행한 후에는 고임으로 준비한 수연상(壽宴床)에 부부가 같이 자리잡고 앉아 절을 받는다. 혼례를 기점으로 회갑이 된 것이라 수연상은 회갑고임상과 같으며 마른 과일로 만수무강의 글을 새기고 오래오래 사시기를 기원한다.

4) 제례

제례 상차림에는 특히 유밀과를 많이 진설하는데, 본래 불교의 소찬으로 발달하게 된 유밀과는 불교의 전성기였던 고려시대에는 살생 금지로 생선이나 고기류 대신 올려지던 아주 중요한 제향 음식이었기 때문에 지금까지도 이러한 전통이 이어지고 있는 것이다.

여러가지 유밀과 중에서도 제례에 가장 많이 쓰이는 것은 약과이며 매작과, 강정, 산자 등도 많이 쓴다. 또한 다식도 이들 못지 않게 중요한 제례 음식 중 하나이다. 그러나 제례에는 축의연 때와는 달리 무채색에 가까운 송화다식, 흑임자다식, 쌀다식만을 올린다.

5) 불교의례

초기 불교의 젯상 차림에는 차와 다식, 약과나 유과가 주로 올려졌다. 그러나 점차 신도들을 대신해 민가의 제사를 지내주게 되었고 추석, 설과 같은 명절이나 초파일, 또는 큰스님의 열반시에 고임새로 상차림을 해서 부처님께 제를 지내는데, 일반의 고임새보다 그 규모가 크다.

생과와 조과는 가짓수대로 굽이 높고 큰 그릇에 차려졌는데 그 높이가 일반의 두세 배나 되었다. 특히 잣, 은행 등을 껍질째 색을 들여 불교 관련 문양과 글씨를 새기면서 고이고 사탕도 여러 종류를 써서 색색으로 갖가지 문양을 만들어가며 높이 올려 쌓았는데, 그 기술은 일반인들이 따르지 못할 정도로 뛰어 났었다. 신도들이 기도를 올리러 오면 음식을 공양하는데 간단한 제라 하더라도 유과, 사탕, 엿강정, 다식은 빠지지 않고 올려진다.

5. 향토성과 한과

우리나라는 남북으로 길게 뻗은 지형적인 특징과 삼면이 바다로 둘러싸여 있어 나타나는 지역적인 기후의 차이로 말미암아 지역마다 재배작물에도 조금씩 차이가 있고 그 지방 나름대로 독특한 음식문화가 발달되어 왔다.

서울 • 경기도는 서쪽으로는 서해와 접해 있고 동쪽으로는 산지가 많은 것이 특징으로 모든 농산물이 모이는 곳이다. 특히 개성은 고려의 수도였던 만큼 화려한 음식문화가 발달하였는데 그 중에도 개성모약과는 유명하다. 그 외에도 여주의 땅콩강정,오색다식을 비롯하여 잣나무로 유명한 가평은 소나무 대신 잣나무에서 송홧가루를 채취하여 만든 가평송화다식 등이 있다.

강원도는 태백산맥을 기점으로 영동지방과 영서지방으로 나누며 이 지방의 음식은 서울과는 달리 사치스럽지 않고 극히 소박한 편이다.

쌀보다는 옥수수, 메밀, 감자 등 밭작물이 많이 재배되며 특히 강원도는 옥수수 산지답게 옥수수엿이 맛 좋기로 유명하며 매작과, 찹쌀가루로 만든 약과, 강릉산자 등이 별미로 꼽힌다.

충청도는 기름진 농토를 끼고 있어 쌀, 보리 등 각종 농산물이 풍부할 뿐만 아니라 충남 해안 지방에서 잡히는 수산물과 산채, 버섯 등도 다양해서 비교적 다양한 종류의 음식을 접할 수 있다. 특히 인삼을 이용한 약과나 수삼정과, 무엿, 무릇곰 등이 유명하다.

전라도는 한반도 최대의 곡창지대일 뿐만 아니라 서남으로 바다를 끼고 있어 갖가지 해산물이 풍부하고 내륙지방은 채소와 밭작물, 약초, 산나물, 버섯 등이 풍부하다. 이처럼 풍요로운 자연환경으로 말미암아 다른 지방에 비해 음식이 매우 호화로운 편이며 음식에 들이는 정성 또한 유별나고 가짓수도 많아 풍류와 맛의 고장이라 할 만하다.

특히 한과 중에도 담양군 창평면 고씨 가문에서 만들기 시작했다는 창평흰엿, 찹쌀가루와 구기자가루를 섞어 만든 독특한 구기자강정, 유과, 동아정과 등이 유명하다.

경상도는 지리산 줄기의 산간지역과 낙동강 유역의 평야, 동해 남부와 남해의 황금어장을 끼고 있어 갖가지 산물이 풍성한 편이다. 따라서 이 지방의 한과로는 특히 제철에 나는 과일과 채소로 만든 각색정과, 산더덕과 산당귀 뿌리를 가루로 만들어 송홧가루와 섞어서 토종꿀에 반죽하여 박아낸 신선다식, 조청과 설탕을 끓이다가 마른 대추와 참깨를 섞어 버무려서 대추를 하나씩 떼어 식힌 안동지방의 대추징조, 찹쌀가루와 멥쌀가루를 섞어 쪄서 술로 버무려 친 다음 썰어 말렸다가 기름에 튀겨 조청을 바르고 튀밥을 묻힌 거창의 준주강반 등이 유명하다.

제주도는 물이 적어 논벼보다는 조, 보리, 메밀, 녹두, 감자, 고구마 같은 밭작물이 주로 재배되므로 이 지방에는 쌀로 만든 떡이나 과자는 매우 귀한 음식으로 명절, 제사 등 특별한 때만 만든다. 특히 닭고기, 꿩고기, 돼지고기 등의 육류를 넣어 푹 고은 닭엿, 꿩엿, 돼지고기엿이 보양식인 동시에 별미로 꼽힌다.

황해도는 북쪽 지방의 곡창지대로 불리우는 만큼 온갖 산물이 풍부하여 음식도 많이 발달되어 있다. 특히 여러 가지 종류의 떡이 발달하여 있지만 그 모양새는 사치스럽지 않고 소박하며 후한 인심답게 양이나 모양새도 푸짐하고 큼직한 편이다. 황해도 지방의 전통 정과류로는 무정과를 들 수 있다.

평안도는 산세가 험한 편이지만 황해도와 접한 평안남도 지방은 비교적 농사가 잘 되어 쌀을 비롯해 조, 옥수수, 기장, 팥, 녹두 등의 잡곡이 생산되는 곳이다.

예로부터 중국과 교류가 활발했던 지역이어서 사람들의 성품도 진취적이고 음식도 크고 푸짐하게 만든다. 이 지방의 독특한 방법으로 만드는 산자(과줄)와 수수엿, 그리고 견과류를 튀기거나 볶아 먹기도 한다

함경도는 우리나라에서 가장 추운 지방으로 대부분이 산간벽지에서 농작물이 빈약한 편이지만 이곳에서 생산되는 조, 강냉이, 수수 등은 품질이 좋으며 메조와 메수수는 남쪽에서 나는 것보다 훨씬 차지다고 한다.

이 지방의 한과로는 볶아서 빻은 좁쌀가루에 옥수수조청을 부어 반죽해서 한 주걱씩 떼어 좁쌀가루 고물을 묻힌 태석이라 불리는 독특한 엿이 전해진다.

6. 한과 만들기의 원리

1) 유밀과

(1) 만들기

① 기름먹이기

밀가루에 참기름을 넣고 골고루 비벼 밀가루 입자마다 기름을 먹인다. 밀가루에 먹인 기름의 양에 따라 튀겼을 때 부풀어오르는 정도, 즉 켜가 살아나는 정도가 틀리게 된다. 약과 반죽 시 참기름의 양이 지나치게 많으면 튀기는 도중 약과가 분리되기 쉽다.

특히 반죽을 칼로 잘라 튀기는 개성약과(모약과)보다 한 덩어리로 반죽하여 약과틀에 눌러 찍어내는 약과나 다식과의 경우는 모양이 살아 있어야 하기 때문에 기름양을 줄여야 한다.

1. 밀가루 체에 치기

2. 밀가루에 참기름 섞기

3. 밀가루에 참기름 먹이기

4. 참기름 먹인 밀가루 체에 내리기

② 반죽하기

기름을 먹인 밀가루를 설탕시럽과 술로 반죽한다. 술을 첨가하지 않으면 튀겼을 때 약과가 위로 부풀지 않고 옆으로만 퍼지게 되고, 반대로 술의 양이 너무 많으면 약과가 공같이 부풀며 균열이 없이 반들반들해져서 약과의 모양을 낼 수 없다.

또한 시럽양이 증가되면 글루텐 형성이 방해되어 균열이 더 심해져 부스러지기 쉽다.

반죽을 할 때는 단시간에 한 덩어리로 만들어 글루텐이 적게 생기도록 하는 것이 중요하다. 손이 많이 갈수록 글루텐 생성이 많아져 파삭한 맛이 적어지고 약과가 단단하게 된다.

한편 반죽을 밀대로 미는 과정은 밀가루와 참기름이 혼합하여 켜를 생기게 하는 쇼트닝(shortening)작용을 일으켜 밀가루 반죽에 있는 글루텐(gluten)의 망상조직의 결속을 억제한다. 즉 밀가루 입자에 지방이 골고루 입혀지므로 서로 흡착되지 않고 부드러우며, 밀었을 때 얇은 층이 생기는 것이다.

1. 반죽 한 덩어리로 뭉치기

2. 반죽 손으로 누르기

3. 반죽 겹쳐 방망이로 밀기

③ 튀기기

튀김이란 곧 기름과 수분의 교환작용이 일어나는 것으로 약과를 튀길 때에는 처음에는 저온에서 튀기다가 나중에 온도를 올려주는 것이 요령이다.

먼저 110℃ 온도의 기름에 약과를 넣으면 바닥에 가라앉으면서 약과 표면에서 작은 기포가 올라오는데 약과 반죽 속에 있던 기름이 튀김기름 사이로 서서히 빠져 나와 층이 만들어진다. 그러다 차츰 켜가 생기면서 약과가 위로 떠오르게 되는데 이는 수분이 증발하여 비중이 가벼워지기 때문이다.

약과를 튀기다가 기름의 온도를 올리는 것은 저온에서 그대로 두면 약과 켜 사이로 튀김기름이 계속 스며드는 것을 막기 위해서다.

기름의 온도를 올려주게 되면 켜를 만들면서 스며 들었던 기름이 빠지고 색이 나게 된다. 이 때 기름의 온도를 갑자기 올리게 되면 시럽으로 반죽을 하였기 때문에 겉만 타고 속은 익지 않게 된다.

1. 낮은 기름에 반죽넣기

2. 약과의 켜 생김 확인

3. 높은 온도에서 튀기기

④ 즙청하기

즙청시럽에 즙청하기

튀긴 약과는 마지막으로 조청이나 꿀 등에 즙청하는데 이는 단맛 외에 지방을 많이 함유하고 있는 약과의 산화를 지연시키는 역할을 한다.

즉 설탕이 수분과 친화하여 수분에 용해되는 산소의 양을 감소시켜 지방의 산화를 지연시킴으로써 풍미를 보존해 주는 역할을 하는 것이다.

튀긴 약과가 뜨거울 때 즙청꿀에 담그면 '칙칙' 소리가 나면서 조청이 안으로 잘 스며들어 시간도 단축된다.

2) 유과

(1) 주재료

유과는 멥쌀보다 점성이 큰 찹쌀을 주재료로 쓴다.

멥쌀과 찹쌀 차이의 주된 원인은 아밀로오스(amylose)와 아밀로펙틴(amylopectin)의 함량 차이로 아밀로펙틴은 물을 넣고 가열했을 때 점성이 아밀로오스에 비해 크다. 따라서 아밀로펙틴(amylopectin) 함량이 80%인 멥쌀보다 아밀로펙틴(amylopectin)이 거의 100%인 찹쌀이 멥쌀을 익혔을 때보다 점성이 더 크다.

(2) 만들기

① 삭히기

찹쌀은 1~2주일 정도 그대로 물에 담가 두어 골마지가 끼도록 삭힌 뽀얀 물이 없어질 때까지 씻은 후 곱게 빻아 준비하는데 이는 가루가 되는 과정에서 찹쌀 입자 사이에 공기를 더 많이 함유시켜 빠르고 균일하게 호화가 잘 일어나도록 하기 위해서이다.

1. 골마지가 끼도록 찹쌀 삭히기

2. 찹쌀가루에 술 섞기

3. 찹쌀가루에 콩물 넣어 반죽하기

4. 반죽 안쳐 찌기

② 반죽하기

분쇄된 찹쌀 가루에 콩물과 술 등을 넣어 반죽하는데 이는 술에 남아 있는 효모의 가스(gas)발생으로 인한 팽창의 효과를 얻기 위한 것이다. 반죽한 것을 고온의 증기로 찌게 되면 찹쌀 속의 전분이 물을 흡수하며 팽윤하면서 분자 간의 결합이 깨어지고 점성이 큰 상태로 바뀐다.

유과는 찹쌀을 주재료로 하는데 찹쌀에는 아밀로펙틴 성분의 함량이 높아 호화되면 점성이 매우 커진다. 완전히 익혀야만 칠 때 공기가 고루 혼입될 수 있으며 말린 후 튀겼을 때도 잘 부풀어 오를 수 있다.

③ 치기

이 과정은 팽화의 정도에 중요한 영향을 주는데 꽈리가 일도록 치는 것은 공기의 혼입을 고르게 하면서 조직이 치밀해지도록 하는 것이 목적이다. 반죽에 공기를 섞으려는 것은 기름에 튀길 때 고르게 팽창되게 하기 위해서이다.

쪄낸 반죽 꽈리가 일게 치기

④ 말리기

말려진 유과 바탕은 수분함량이 10~15% 정도이어야 한다. 건조된 유과 바탕의 수분함량이 너무 높으면 튀겼을 때 일시적으로 부풀어 올랐다가 푹 꺼지는 현상이 일어나고, 반대로 수분함량이 너무 낮으면 팽화가 잘 일어나지 않는다.

또한 너무 많이 말리면 균열이 생기고 부스러지므로 너무 급격히 말리지 않도록 한다.

1. 바탕 채반에 널어 말리기

2. 수분 적당하게 주기

⑤ 튀기기

이 과정이 유과 만들기에서 가장 중요한 과정이다. 원재료 찹쌀의 아밀로펙틴의 호화 및 고화(固化),

포지(抱持)된 공기의 팽창 등에 의한 다공화, 기름 침투 및 호정화, 그리고 향미 성분의 형성 등 물리·화학적 변화가 단시간에 일어나게 하기 위하여 건조된 유과 바탕을 튀기는 것이다.

튀길 때 유과 바탕 중에 있는 공기는 팽창되며, 팽창된 공기를 잘 포지할 수 있으려면 튀김 시 호화되는 아밀로펙틴(amylopectin)의 포지막(抱持膜)이 좋아야 한다. 만일 유과 바탕 중의 수분함량이 많으면 튀김 시 형성되는 포지막(抱持膜)이 얇고 취약해서 아밀로펙틴(amylopectin)이 굳기 전에 가스가 달아나고, 너무 수분이 적으면 아밀로펙틴(amylopectin)의 호화가 거의 일어나지 않아 부풀지 않는다.

또한 옛날에는 솥이나 프라이팬에 잘 씻은 굵은 모래를 넣고 가열한 다음 건조된 유과 바탕을 모래 속에 넣어 튀기기도 하였는데 이 모래 튀김은 모양잡기가 어렵지만 기름 사용량이 적어 산패도가 낮아 저장성이 좋다.

1. 말린 바탕 기름에 담가 불리기

2. 모서리 눌러 고루 늘리기

3. 뜨거운 기름으로 옮겨 모양잡기

⑥ 즙청하여 고물 묻히기

튀긴 유과 바탕에 물엿, 꿀, 조청을 바르는 것을 즙청이라 한다. 유과는 다공성이고 기름에 튀기기 때문에 공기의 접촉에 의한 산패가 일어나기 쉽다. 유과 표면에 즙청을 하게 되면, 단맛을 줄 뿐 아니라 즙청의 막이 지방산의 산패에 관계하는 산소를 차단할 수 있다.

또한 묻히는 여러 가지 고물에 의하여 맛도 모양도 다양해진다.

1. 어레미에 내려 세강반 만들기

2. 튀긴 산자 즙청하기

3. 즙청한 산자에 세건반 묻히기

3) 정과

(1) 재료손질

각 재료가 가진 특성에 따라 설탕이나 꿀이 조직에 잘 스며들도록 손질한다.

① 데치기

주로 조직이 단단한 뿌리채소를 알맞은 두께로 썰어 팔팔 끓는 물에 데친 후에 조린다. 이렇게 하면 단단한 조직에 설탕이나 꿀이 쉽게 스며들어 잘 조려지게 된다.

우엉, 연근 등은 갈변효소를 가지고 있어 식초를 약간 넣은 물에 데치면 변색을 막을 수 있다. 생강, 도라지, 당근, 무, 죽순 등은 데치면 채소가 가진 효소의 작용이 멈추게 되고 각 채소가 가진 강한 맛이나 무의 아린 맛 등이 없어지게 된다.

② 불리기

산사나 맥문동 등은 마른 재료이기 때문에 먼저 깨끗이 씻어 충분히 재료가 잠길 정도로 물에 담가 마른 정도에 따라 원래의 형태가 될 때까지 충분히 불려야 설탕이나 당분이 속까지 잘 스며든다.

③ 찌기

배나 사과 등의 과일로 정과를 할 때에는 조직이 연하기 때문에 설탕물에 넣고 조리면 조직이 풀어질 수 있으므로 원하는 모양으로 잘라서 찜통에 살짝 찐 후 설탕을 묻혀낸다.

④ 설탕시럽에 담그기

감자처럼 전분이 많은 재료는 설탕에 조리면 전분이 풀어져 버릴 수가 있다. 따라서 감자를 살짝 데쳐서 뜨거울 때 진한 설탕 물엿 시럽에 담그면 감자 속에 있던 수분이 빠지면서 투명한 질감의 정과를 만들 수 있다.

⑤ 조리기

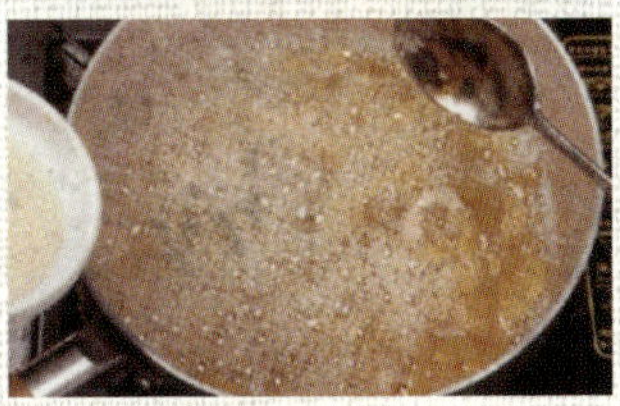

먼저 재료의 특성에 알맞게 전 처리를 한 재료들을 설탕이나 꿀을 넣고 조린다. 이때 물의 양은 재료들이 잠길 정도로 붓고 약한 불에서 서서히 조린다. 세포의 외부 농도가 높을 때 반투막은 이 농도의 차이를 없애는 방향으로 물을 보내고 외부의 설탕이 조직으로 들어온다. 이때 낮은 농도에서 조릴 경우에는 당분이 서서히 들어가며 물이 빠져 나오면서 조려지지만 설탕의 농도가 진한 경우에는 조직에 설탕이 들어가는 것보다 수분만 급히 빠져나와 버림으로써 속까지 당분이 들어가지 못하고 표면만 조려진다.

음청류

1. 음청류의 의의와 역사

1) 음청류의 의의

음청류(飮淸類)는 술 이외의 기호성 음료의 총칭이다.

우리나라는 옛부터 산이 많아 깊은 계곡의 맑은 물과 샘물이 양질의 감천수(甘泉水)였으므로 이런 물을 약수라 하여 좋은 음료로 사용할 수 있었다. 자연수와 함께 여러가지 향약재, 식용열매, 꽃과 잎, 과일 등을 달이거나 꿀에 재우는 등 여러 방법을 이용하여 병을 예방할 수도 있고 추위에는 어한이 되고 여름에는 더위를 이기는 데 좋은 여러 가지 음청류가 발달하였다.

한국의 음청류는 종류, 형태, 조리법에서 매우 다양하다. 문헌에 수록된 종류별로 분류하면 차·탕·장·숙수·갈수·식혜·밀수·미수·화채 등으로 나뉜다.

재료로 분류하면 향약재·열매·꽃·잎·곡물로 나뉘는데 그 대부분이 우리 가정에서 비교적 쉽게 얻을 수 있는 것들이며 만드는 법 또한 대부분 저장성을 갖는 것이다. 따라서 우리의 음청류는 평소의 기호식품으로서 수시로 마실 뿐 아니라 장국상이나 잔칫상에는 빼 놓을 수 없는 필수품목의 하나였으며 조석 밥상에서도 식후에 흔히 이용하였다. 이처럼 음청류에 향약재가 자연스럽게 이용되는 한편 계절의 열매가 철따라 이용되었다는 사실은 우리나라의 식생활이 의식동원(醫食同源)의 실체로서 생활화되고 있었음을 알려주고 있다.

이에 비해 중국이나 일본은 풍토상 차나무를 재배하기에 적합하여 차를 다양하게 많이 산출하고 있으므로 녹차가 기호성 음료의 중심이 되고 있다.

이처럼 음청류는 일상식, 제례, 대소연회식 등 우리 식생활에 깊이 뿌리내린 우리 고유의 음식으로 자리잡게 되었다.

2) 음청류의 역사

(1) 삼국시대의 음청류

우리나라 고대의 식생활에서도 차나무의 잎으로 만든 차 이외에 여러가지 음청류가 있었을 것으로 생각되지만 문헌상으로는 미시·감주(식혜, 食醯)·박하차·밀수(蜜水)·난액(蘭液 – 좋은 음료) 등을 확인할 수 있을 뿐이다.

《삼국유사》 가락국기(駕洛國記)에 범민왕 19년 신라가 가야를 합병한 후 대가야의 수로왕 17대손에게 선조의 제를 지내도록 하였는데, 그 때의 제물이 술·감주·떡·쌀밥·차·과로 되어 있어 누룩으로 빚어 만든 술 이외에 엿기름으로 삭혀 만든 감주도 함께 있었음을 알게 한다.

감주는 밥을 엿기름으로 삭힌 당화식품으로 오늘날까지 보편화되어 있는 음료이다. 밥이 엿기름물에서 알맞게 삭았을 때 그 전액을 밥알과 함께 가열하여 만든 것을 흔히 감주라 하고, 밥알만을 건져 맹물에 살짝 헹구어 건지고 나머지 액체를 생강·설탕·꿀 등으로 감미를 조절하고 가열하여 차게 식혀 그 위에 밥알을 띄운 것을 흔히 식혜라 하나 결국 감주와 식혜는 동일음료이다.

식혜(食醯)

미수와 송화밀수

미수(糜水)

우리는 삼국시대에 이미 양봉을 했던 것으로 양봉의 상한시기는 미상이나 삼국 이전으로 잡아도 좋을 듯하다. 《삼국사기(三國史記)》에 "683년 신라의 신문왕이 왕비를 맞이할 때 폐백품목으로 꿀이 쌀·술·장·시·포·혜와 함께 들어 있었다."고 하였다.

즉, 꿀이 쌀이나 술·장류와 함께 상용 필수 품목이었음을 알게 하며 이같이 꿀이 일찍부터 이용되고 있었으므로 밀수를 음청류로 이용하여 오늘날까지 이어 온다.

난액(蘭液)은 가락국기의 수로왕이 허황후를 맞이하였을 때 왕이 황후를 따라온 부부에게 좋은 음료의 실체는 알 수 없으나 난액(좋은 음료)과 혜서(蕙醑)를 주었다는 기록이 있다.

《본초도경》에서 신라는 박하를 재배하여 그 줄기와 잎을 말렸다가 차로 달여 마신다고 기록되어 있다.

《삼국사기(三國史記)》 김유신조에 기술되어 있는 장수(漿水)는 곡물로 만든 유산음료로 보는 견해가 있으나 한편으로는 우물물과 장맛이 변하지 않아야 가운이 길하다는 우리의 전래 관념으로 미루어 장수를 우물물에 간장을 탄 장수(醬水)로 보는 견해도 있어 확언하기 어렵다.

(2) 고려시대의 음청류

차와 밀수는 오늘날에도 보편화되어 있으므로 고려 전대(前代)로부터 이어졌을 것으로 본다. 고려는 우리나라의 식생활사에서 차잎으로 만든 차가 가장 성행하던 시대이므로 그 외의 음청류가 크게 성행하지는 않았다고 볼 수 있다. 문헌으로 새롭게 확인할 수 있는 것은 《고려도경(高麗圖經)》에 기록된 백미장(白米漿)과 숙수(熟水-향약을 다린 차) 그리고 숭늉(《고려도경》에서는 숙수로 소개하였음)이다.

오미·임금갈

《고려도경》은 1123년 고려 인종 때 서긍(徐兢)이 송나라 사신의 수행으로 약 1개월 간 개성에 머물면서 견문한 내용을 기록한 책이다. 이 책 권 23 잡속 시수(施水)조에 "왕성 큰 길가에 10간 간격으로 장막을 쳐서 불상을 모셔 놓고, 큰 독에 백미장을 담아 길가는 사람 누구에게나 귀천없이 돈을 내지도 않고 마시게 하는데 이 일을 스님이 주관한다"고 하였다. 다만 백미장의 실체는 설명이 없다. 쌀로 끓인 묽은 미음으로 볼 수도 있으나 확언하기는 어렵고 여하간 마시는 음료형의 음식임에는 틀림이 없다. 숙수에 대하여 유중림(柳重臨)의 《증보산림경제(增補山林經濟), 1766》와 서유구의 《옹희잡지》 등에서 “숙수란 향약초를 달여서 만든 것으로 송나라 사람이 즐겨 마시는 것이다. 우리나라에서는 밥을 지은 뒤 솥바닥에 붙은 밥에 물을 붓고 끓인 것을 숙수(숭늉)라 한다. 이름은 같고 실물은 다르다”고 기술하고 있다.

그러나 일반적으로 가장 많이 음용되었던 것은 숭늉이었을 것이다. 삼국시대부터 온돌이 발달되고 부뚜막에 가마솥을 걸고 밥을 지으면서 솥 밑바닥에 눌어 붙은 밥알인 누룽지에 물을 붓고 끓여 만든 구수한 숭늉이 서민의 유일한 음료였던 것이다.

(3) 조선시대의 음청류

조선시대에 이르면 고려에서 성행했던 차잎으로 만든 차가 쇠퇴하는 한편 향약재를 이용한 여러 가지 음청류가 발달하였으며 고대로부터 전래된 미시·밀수·식혜 등이 더욱 널리 보편화되었다. 차잎으로 만든 차가 쇠퇴한 배경은 우리 풍토가 차나무를 널리 재배하기에 적합하지 않았기 때문으로 여겨진다. 한편 고려말에서부터 향약의 연구가 활발하여 《향약제생집성방(鄕藥濟生集成方)》, 《향약구급방(鄕藥救急方)》, 《향약집성방(鄕藥集成方)》등의 향약서가 간행되었다. 이어서 《동의보감(東醫寶鑑)》이 간행되었으며 이러한 의약서의 내용이 음식을 다루는 데도 널리 활용되어 가정요리서에까지 많이 인용되었다.

《증보산림경제(增補山林經濟)》, 《임원십육지(林園十六志)》등에 수록된 음청류를 재료 다루기로 분류하면 향약을 다려서 즙액으로 마시는 것, 재료를 가루로 하는 등의 전처리를 하여 꿀에 재웠다가 백비탕이나 꿀물에 타서 마시는 것 등으로 크게 분류할 수 있다.

조선시대는 우리의 전통음식이 정착되어 가는 시기이므로 주식, 찬물류, 장과 초와 같은 부식 이외에도 병과류와 전통음료 같은 기호품의 조리 가공기술이 크게 발전된 시기라고 볼 수 있다.

2. 음청류의 분류

차(茶)

탕(湯)

《임원십육지》에 “사람에게 유익한 재료를 끓여서 마시는 것으로 구기자차, 국화차, 모과차, 오과차, 귤강차 등 이들 모두가 차의 이름을 지니고 있지만 실제로는 탕에 속하는 것이다”.라고 기록되어 있다.

꽃이나 과일 말린 것 등 여러 가지 향약재를 끓여 마시는 것과 향약재를 가루내어 끓이거나 오랫동안 조려서 고(膏)를 만들어 저장해 두고 타서 마시는 음료를 말한다.

밥이나 미음 등 곡물을 젖산 발효시켜 신맛을 내게 한 장수와 향약성 재료와 곡물가루, 채소류 등을 꿀이나 설탕 등에 넣어 숙성시키거나 오래 저장시켜 만든 음료를 말한다.《삼국사기》와 《삼국유사》에 장수와 호장(관병의 장), 배장(한산의 장) 등에 관한 내용이 수록되어 있다.

장(漿)

장수(漿水)

김유신 장군이 마셨다고 기록되어 있는데 젖산발효 음료로 성질이 온화하고 맛은 달고 시며 목마른 것을 그치게 한다. 식체하여 구토하고 설사가 심하게 나는 병인 곽란에 좋고 정신을 맑게 하여 잠을 쫓아 버리는 효능이 있다고 한다.

숙수(熟水)

향약초를 달여 만든 음료로 꽃이나 차조기잎 등을 끓는 물에 넣고 그 향기를 우려 마시는 것과 한약재 가루에 꿀과 물을 섞어 끓여 마시는 것이 있다.

송나라 사람들이 음료 중에서 가장 숭상하는 것이 숙수이며 그 중 제일로 삼는 것이 자소숙수이다. 우리나라에서도 고려시대 땐 숙수를 병에 넣고 다니면서 마셨다는 기록이 있다.

예로부터 밥을 지을 때 솥 안쪽바닥에 밥을 눌게한 뒤 물을 부어 한번 끓여낸 숭늉을 숙수라고도 했는데 구수한 맛이 있어 요즘도 식사 후에 많은 사람들이 즐겨 마신다.

이를 반탕(飯湯) 또는 취탕(炊湯)이라고도 한다.

갈수(渴水)

농축된 과일즙에 한약재를 가루내어 혼합하여 달이거나 한약재에 누룩 등을 넣어 꿀과 함께 달여 마시는 음료이다. 즉, 목이 마를 때 먹는 물을 갈수라고 하는데 약리효과를 가지는 음료수이다.

미수(糜水)

찹쌀, 멥쌀, 보리, 콩 등을 쪄서 말리고 볶은 다음 곱게 가루를 내어 냉수나 꿀물에 타서 마시는 음료를 말한다. 옛날에는 주식 대용이나 저장식 및 구황식으로 널리 쓰였으며 곡물 등을 볶아 가루로 만든 것은 구(糗) 또는 초(麨)라 하고 쪄서 말린 것은 비(糒)라 하였다. 《삼국유사》에 쌀을 쪄서 말린 것으로 양식을 삼았다는 기사가 있는 것으로 보아 이때 이미 주식 대용의 쌀 가공 저장법이 발달된 것을 알 수 있다.

조선시대에는 구가 주로 구황식으로 이용되었다. 《구황촬요》, 《치생요람》, 《임원십육지》, 《규합총서》에 미수에 대한 설명이 기록되어 있다. 《재물보》에서는 초면(麨麵)을 미시라고 표기하였다. 《조선무쌍신식요리제법》에서는 미시 만드는 법을 마식(麋食)이라고도 표기했으며 초가 곧 미시라고 설명되어 있다. 《조선요리제법》에서는 여러 곡물을 이용하여 만든 미숫가루를 꿀물에 탄 것을 미수라고 했으며 여름철 음식이라고 하였다.

식혜(食醯)

쌀밥이나 찹쌀밥에 엿기름물을 가하여 전분을 당화시킨 우리 고유의 전통음료이다.

밀수(蜜水)

화채(花菜)

엿기름(맥아)은 보리에 수분을 흡수시켜 적당한 온도에서 발아시킴으로써 전분 분해 효소인 α-β amylase를 다량 생성시킨 것으로 이 엿기름의 당화력이 식혜의 맛을 좌우한다.

꿀물이나 설탕을 끓여 시럽을 만들어 송홧가루를 띄운 송화밀수, 배숙, 수정과, 향설고, 수단 등을 말한다.
여러 가지 과일을 얇게 저민 것 또는 식용 꽃잎 등을 꿀이나 설탕에 재웠다가 물을 붓고 차게 만드는 것이다.

국물은 주로 오미자 우린물이나 과일즙을 이용한다.

우리나라의 문헌에 나오는 음청류의 분류 및 그에 속하는 명칭을 정리해 보면 다음과 같다.

분류	명 칭
차	감로차, 감잎차, 감초차, 강귤차, 강냉이차(옥수수차), 강순차, 강죽차, 결명자차(열매차), 계지차, 계피차, 계화차, 곡차, 구기자차(구기차), 국화차(구화차), 귤피차(귤차), 귤화차, 기국차, 길경차, 꿀차(봉밀차), 노미차, 녹두차, 녹산차, 뇌차, 누영춘차, 다시마차, 만삼차, 매실차(매자차), 매화차, 모과차, 물쑥차, 미삼차, 밀감즙차, 박차, 백엽차, 벚꽃차, 보리차, 보림차, 봉수차, 사과차, 산사차, 살구씨차, 삼두음, 삼차, 쌍화차, 생강차, 석류차, 석류피차, 소엽차, 송차, 순차, 쑥차, 오가피차, 오과차, 오미자차, 유자차, 율무차, 엽차, 인삼차(미삼차, 삼차), 자굴차, 자소차, 족미차, 지화차, 천리차, 청전백선차, 치커리차, 칡차, 포도차, 해아차, 현미차, 형개차, 호도차, 회향차
탕	건모과탕(모과탕), 경소탕, 계단백탕, 국화탕, 금분탕, 녹운탕, 두구탕, 무록탕, 백탕, 봉수탕, 생맥산, 선술탕, 소주온미, 수문탕, 숙매탕, 수지탕(빙지탕), 습조탕, 쌍화탕, 암향탕, 양위탕, 여지탕, 오미탕, 옥설탕, 온조탕(온초탕), 자소탕, 제호탕, 지황고자탕, 해성탕, 행락탕, 향소탕, 회향탕
장	계장, 매장, 모과장(목과장, 모과전), 여지장, 유자장(유장)
숙수	양간숙수, 율추숙수, 자소숙수, 정향숙수, 침향숙수, 향화숙수
갈수	모과갈수, 어방갈수, 오미갈수, 임금갈수, 포도갈수, 향당갈수
미수	구선왕도고미수, 누룽지미수, 땅콩미수, 보리미수, 수수미수, 율무미수, 잡곡미수, 조미수, 찹쌀미수
식혜	감주, 고구마감주, 석감주, 술감주, 식혜, 안동식혜, 연엽식혜, 엿감주
밀수	떡수단(수단), 미수(미시, 밀수), 보리수단, 송화수(송화밀수), 옥수수수단, 원소병, 향설고(상설고),가련수정과, 수정과(백제호), 잡과수정과
화채	국화면, 귤화채(여름밀감화채, 밀감화채), 노랑장미화채, 딸기화채, 매화채, 모과청과화채, 모과화채, 모듬화채, 무실채, 바나나화채, 배숙, 배화채, 복숭아화채(복사화채), 사과화채, 산딸기화채, 산사화채, 생강탕화채, 수박냉차, 수박화채(얼음수박), 순채화채(가련화채), 앵두화채(앵도화채), 오렌지화채, 오미자화채, 유리류정과, 유자화채(유자와 배화채), 장미화채, 참외화채, 창면(책면), 천도복숭아화채, 토마토화채, 파인애플화채, 포도화채, 화채(화면), 흰떡과일화채
즙	감자즙, 다시마즙, 당근즙, 마즙, 무즙, 무청즙, 밀감즙, 미나리즙, 부추즙, 샐러리즙, 솔잎즙, 쑥갓즙, 시금치즙, 알로에즙, 양배추즙, 양상추즙, 양파즙, 연근즙, 열무즙, 오이즙, 우엉즙, 케일즙, 토마토즙, 파슬리즙, 피망즙

떡

찌는떡은 우리떡 중 가장 기본으로 그 종류가 100여 종에 이른다. 멥쌀이나 찹쌀을 물에 담갔다가 가루로 만들어 시루에 안친 뒤 김을 올려 익히며, 찌는 방법에 따라 다시 설기떡(무리떡), 켜떡, 빚는떡, 부풀려서 찌는떡으로 구분한다.

설기떡은 찌는떡의 가장 기본으로, 멥쌀가루를 물이나 꿀물 또는 시럽 등으로 체에 내리고 이를 다시 체에 쳐서 적당히 수분과 공기를 혼입시켜 균질화한 다음 시루에 사뿐히 안쳐 찐다.

다음으로는 빚어 찌는 떡으로 송편과 같이 모양을 빚어 찐 것, 두텁떡과 같이 모양을 형성해 가면서 찐 것 등이다.

끝으로 부풀려서 찌는 떡을 들 수 있는데, 예컨대 술을 넣어 묽게 반죽하여 쪄내는 증편이나 술을 넣어 되게 반죽하여 부풀려서 찌는 상화가 여기에 속한다.

찌는떡

백설기 • 콩설기 • 쑥설기 • 각색편 • 신과병 • 모듬백이 • 약식 • 무시루떡 • 봉치떡 • 무지개떡 • 두텁떡 • 구름떡 • 석탄병 • 꽃송편 • 감자송편 • 호박송편 • 부편 • 증편 • 단호박떡케익 • 자색고구마떡케익 • 커피떡떡케익 • 서리태찰편 • 통녹두찰편 • 깨찰편

백설기

[2102010301_13v, 떡제조, 능력단위(수준) : 설기떡류(3)]

멥쌀가루에 설탕물이나 꿀을 내려 시루에 안쳐 찌는 가장 기본이 되는 흰 무리떡으로 〈규합총서(閨閤叢書), 1815〉에서 '백설고(白雪糕)' 로 기록된 이후 계속 이용해 온 전통적 시루떡이다. 흰눈과 같다는 의미의 백설기는 예로부터 순진무구하고 신성한 것으로 여겨져 어린아이의 삼칠일 · 백일 · 첫돌 등의 의례행사에 필수 음식으로 쓰였으며 사찰에서 제를 올릴 때나 산신제 · 용왕제 등의 토속적 의례에서도 쓰여졌다. 또한, 백설기는 햇볕에 잘 말려서 고운 가루로 만들어 이유식인 암죽을 쑤어 먹거나 백설기 가루에 꿀을 섞어 다식을 만들어 먹기도 한다.

재료 ① 멥쌀 800g(소두 1되, 멥쌀가루 12컵, 1.2kg), 소금 1큰술, 꿀 3큰술, 설탕 8큰술, 물 1컵
② 떡제조기능사 검정용: 멥쌀가루 700g, 소금 7g, 물 105g~120g, 설탕 70g

만드는 법

1. 멥쌀은 깨끗이 씻어 물에 6시간 이상 충분히 불렸다가 건져 물기를 뺀 다음, 소금 간을 한 후 곱게 빻아(2번) 체에 내려서 고운 가루로 만든다.

2. 1의 멥쌀가루에 소금과 물을 넣어 고루 비빈 후 체에 다시 한 번 더 내린다.
   *멥쌀가루에 물이 적당하게 들어갔는지를 알려면 체에 내린 멥쌀가루를 주먹으로 쥐어 흔들어 보아 덩어리가 깨지지 않고 그대로 있으면 된다.

3. 2의 쌀가루에 설탕을 넣고 재빨리 고루 섞는다.

4. 찜기에 젖은 면보(실리콘 시루밑)를 깔고 멥쌀가루를 손으로 솔솔 뿌려 위를 고르고 편편하게 한 다음 깊숙하게 칼금을 넣어 시룻번을 붙인 후 면보를 덮은 후 뚜껑을 덮어 불을 올려 김이 오르면 뚜껑을 덮어 20분 정도 찐다.
   *대나무 찜기에 찔 경우는 시룻번을 부치지 않고 김 오른 물솥에 바로 올린다.

5. 대꼬치로 찔러보아 흰 가루가 묻어나지 않으면 약 불로 줄여 5분 정도 뜸을 들인 후 쟁반을 덮고 엎어서 쏟아 낸다.

1. 멥쌀에 소금간하기

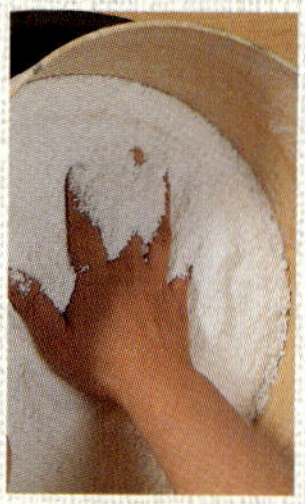

2. 멥쌀가루 체에 내리기
3. 멥쌀가루에 물 주기

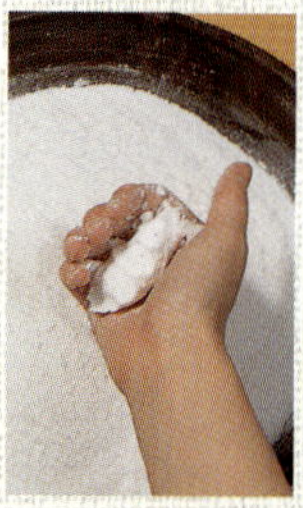
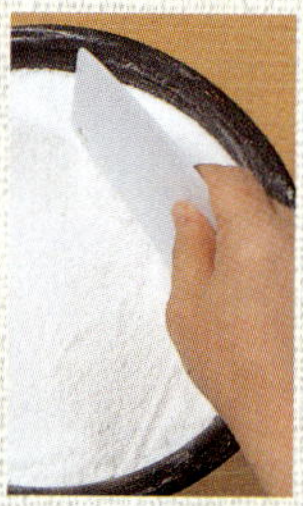

4. 수분 정도 확인
5. 시루에 안쳐서 고르기

6. 깊숙하게 칼금내기
7. 시룻번 붙이기

Tip

- 멥쌀가루를 시루에 안칠 때는 손으로 솔솔 뿌려 가면서 안쳐야 공기가 많이 들어가서 떡이 부드럽게 잘 쪄진다.
- 시룻번은 밀가루를 반죽해 가늘게 만들어 시루와 솥 사이를 돌려 가면서 틈이 없도록 잘 밀착시켜 바른다.
- 쌀가루에 설탕을 섞은 후 실온에 방치하면 쌀가루가 뭉치고 입자가 거칠어지므로 설탕을 섞은 후에는 바로 쪄내야 한다.

콩설기 [2102010301_13v, 떡제조, 능력단위(수준) : 설기떡류(3)]

멥쌀가루에 검은콩이나 밤콩, 청태, 강낭콩 등을 섞어 켜없이 쪄낸 무리떡이다. 주로 멥쌀로 만드는데 떡을 차지게 하기 위해서는 약간의 찹쌀을 섞기도 한다. 가을에 청태가 나오면 멥쌀가루에 콩을 섞어 콩버무리를 하고, 겨울철이면 검은콩을 불려 사용하는데 멥쌀과 콩이 배합되어 영양적으로도 합리적이며 소박한 떡이다. 〈증보산림경제, 1766〉에 기록된 이래 지금까지 즐겨 만들어 먹는다.

재료

멥쌀가루 700g, 소금 7g, 물 105g, 설탕 70g, 불린 서리태 160g

만드는 법

1. 멥쌀가루에 소금을 넣고(1작은술) 체에 내린 후 물로 수분을 주어 골고루 비벼 놓는다. 손으로 살짝 쥐어 흔들어 보아 깨지지 않으면 다시 체에 내린 다음 설탕을 넣고 재빨리 가볍게 고루 섞는다.
2. 서리태는 씻어 충분이 불려(8시간) 10-15분간 삶아 물기를 뺀 후 소금간(1/2작은술)을 한다.
3. (대나무)찜기에 젖은 면보(실리콘 시루밑)를 깔고 설탕을 살짝 뿌린 후 2의 서리태 절반을 바닥에 골고루 펴놓는다.
4. 1의 떡가루에 삶은 서리태(1/2 분량)를 넣고 가볍게 훌훌 섞어서 3의 서리태 위에 평평하게 수평으로 안쳐서 김 오른 솥 위에 올려 면보(대나무 찜기 뚜껑)를 덮어 센불에서 20분간 찐다.
5. 대꼬치로 찔러보아 흰 가루가 묻어나지 않으면 약불로 줄여 5분 정도 뜸을 들인 후 쟁반을 덮고 엎어서 쏟아낸다.

떡제조기능사 수검 시 요구사항(콩설기떡)

※지급된 재료 및 시설을 사용하여 콩설기떡을 만들어 제출하시오.

① 떡 제조 시 물의 양은 적정량으로 혼합하여 제조하시오
(단, 쌀가루를 물에 불려 소금간하지 않고 2회 빻은 쌀가루이다)
② 불린 서리태를 삶거나 쪄서 사용하시오.
③ 서리태의 1/2은 바닥에 골고루 펴 넣으시오.
④ 서리태의 1/2은 멥쌀가루와 골고루 혼합하여 찜기에 안치시오.
⑤ 찜기에 안친 쌀가루반죽을 물솥에 얹어 찌시오.
⑥ 완성된 콩설기를 전량 제출하시오.

쑥설기 [2102010301_13v, 떡제조, 능력단위(수준) : 설기떡류(3)]

멥쌀가루에 연한 쑥을 섞어 만들어 이른 봄의 향취를 가장 잘 느낄 수 있는 떡으로 쑥버무리, 또는 애병(艾餠)이라고 불리어지며 향긋하고 쫄깃한 쑥설기의 독특함이 나른한 봄날의 미각을 살려 내기에 충분하다. 또한 옛부터 춘궁기의 구황식품일 뿐만 아니라 민간요법의 치료식으로 가장 손꼽히는 백성들의 애환이 서려 있는 떡이기도 하다.

재료

멥쌀가루 700g, 소금 7g, 물 100g, 설탕 70g, 어린 쑥 100g

만드는 법

1. 쑥은 어리고 연한 것으로 골라 깨끗이 다듬어 씻어 물기를 뺀다.
2. 불린 쌀을 곱게 빻아 체에 내려서 고운 가루를 만든다. 1의 멥쌀가루에 소금과 물을 넣어 고루 비빈 후 체에 다시 한 번 내린다.
3. 멥쌀가루에 설탕을 재빨리 고루 섞은 후 쑥을 넣어 양손으로 버물버물 뒤섞는다.
4. 찜기에 젖은 베보자기를 깔고 3의 떡가루를 평평히 안친 다음, 김이 오른 솥에 올려 센불에서 찌다가 김이 오르면 뚜껑을 덮어 20분 정도 찐다.
5. 불을 끄고 5분간 뜸을 들인 후 목판이나 도마에 쏟아 한 김 식힌 다음 그릇에 담아 낸다.

Tip

- 봄에 나는 쑥을 펄펄 끓는 물에 소금을 약간 넣고 삶아 찬물로 헹구어서 물기를 꼭 짜낸 다음 족이를 만들어 냉장고에 보관하면 사계절 언제나 이용할 수 있다.
- 족이란 쑥이나 수리취를 삶아 소쿠리에 받쳐 건지를 양손으로 꼭 짠 것을 말한다.

각색편

[2102010302_13v, 떡제조, 능력단위(수준) : 켜떡류(3)]

멥쌀가루에 설탕물, 꿀과 진간장, 승검초가루를 섞어 각각 대추, 밤, 석이버섯을 고명으로 올려 시루에 쪄낸 떡이다. 혼례, 회갑연 등 잔칫상에 오르는 고급 떡의 하나로 주로 서울 · 경기지방에서 많이 해 먹으며, 백편 · 승검초편 · 꿀편을 '갖은편'이라 일컫기도 한다. 색상의 조화뿐만 아니라 맛과 건강을 동시에 살린 조상들의 식생활 지혜가 돋보이는 떡으로 특히, 쌀가루에 승검초(辛甘草, 당귀싹)가루를 섞어서 만든 승검초편은 맛이 특이하고 승검초 고유의 향기와 풍미가 감돈다.

재료

[백편] 멥쌀가루 700g, 소금 7g, 물 105g~120g, 설탕 70g
[꿀편] 멥쌀가루 700g, 소금 7g, 물 100g, 진간장 15g, 꿀 30g, 대추고 15g, 설탕 50g
[승검초편] 멥쌀가루 700g, 소금 7g, 물 105g~120g, 설탕 70g, 승검초가루 30g
[고명] 밤채 70g, 석이채 10g, 대추채 50g, 비닐잣 10g

만드는 법

1. 멥쌀은 깨끗이 씻은 후 물에 6시간 이상 충분히 불렸다가 건져 가루로 빻아(2번) 체에 내린 후 소금을 넣고 다시 체에 내린다.

2. 백편은 물을 멥쌀가루에 뿌려 손으로 고루 비벼 수분 함량을 조절한 후 다시 체에 내린 다음 설탕을 넣고 재빨리 고루 섞는다.

3. 꿀편은 끓여 식힌 설탕물에 대추고, 진간장과 꿀을 넣어서 멥쌀가루에 뿌린 다음 고루 비벼서 체에 내린다. 승검초편은 승검초가루를 멥쌀가루에 넣어 체에 내린 후 백편과 같은 방법으로 만든다.

4. 고명으로 쓰이는 대추는 씨를 발라내어 가늘게 채 썰고 밤은 껍질을 벗겨서 얇게 저며 곱게 채 썬다. 석이버섯은 뜨거운 물에 불려서 깨끗이 손질하여 가늘게 채 썰고 잣은 길이로 반을 잘라 비늘잣을 준비한다.

5. 각각의 대나무 찜기에 젖은 베보자기를 깔고 백편용 떡가루, 꿀편용 떡가루, 승검초편용 떡가루를 3~4cm 두께로 안친 후 대추채, 밤채, 석이채, 비늘잣으로 고명한다.

6. 김이 오른 물솥에 대나무 찜기를 올려 20분 정도 찐다. 대꼬치로 찔러보아 흰 가루가 묻어나지 않으면 약 불로 줄여 5분 정도 뜸을 들인 후 쏟아 베보자기를 벗기고, 한 김 식힌 다음 적당한 크기로 썬다.

1. 멥쌀에 소금간하기
2. 멥쌀가루 체 내리기

3. 멥쌀가루에 간장, 꿀 섞기
4. 밤, 석이버섯 등 고명 준비하기

5. 비늘잣으로 고명하기

6. 밤채, 대추채 등으로 고명하기

Tip

- 멥쌀가루가 말랐을 때는 대략 멥쌀가루 1컵에 물 2큰술 정도를 고루 뿌려서 손으로 잘 비벼 고운 체에 내린다.
- 백편, 꿀편, 승검초편 이 세 가지를 합하여 한 시루에 켜켜이 안쳐서 쪄도 된다.

신과병

[2102010302_13v, 떡제조, 능력단위(수준) : 켜떡류(3)]

멥쌀가루에 밤 · 대추 · 단감 등의 햇과실을 넣고, 녹두고물을 두둑하게 얹어 시루에 쪄 낸 것으로 일명 햇과실떡이다. 〈규합총서, 1815〉에 "햇밤, 익은 풋대추 썬 것, 껍질을 벗겨 얇게 저민 침감, 청태를 쌀가루에 섞어 물에 버무려 거피한 햇녹두고물을 얹어 찐 것"이라고 기록되어 있다. 이에 비해 잡과병(雜果餠)은 멥쌀가루에 대추, 곶감, 호두, 잣 등의 여러가지 건견과류를 섞어 시루에 찐 무리떡이다.

재료 멥쌀가루 700g, 소금 7g, 물 105g, 설탕 70g
[부재료] 깐밤 10개, 대추 10개, 청태(풋콩), 1/2컵 , 단감1개
[고물] 깐 녹두 200g, 소금 3g

만드는 법

1. 2번 내려 곱게 빻은 멥쌀가루에 소금을 넣고 체에 내린 후 물로 수분을 주어 골고루 비벼 섞는다. 손으로 살짝 쥐어 흔들어 보아 깨지지 않으면 다시 체에 내린 다음 설탕을 넣고 재빨리 가볍게 고루 섞는다.

2. 밤은 3~4등분하고, 대추는 돌려깎기를 해서 씨를 빼고 길이로 3~4등분한다. 풋콩은 껍질을 까서 소금을 약간 뿌려놓고, 단감은 껍질을 벗겨 설탕 4큰술에 재웠다가 나박하게 저며 썰어 놓는다.

3. 거피한 녹두는 하룻밤 정도 충분히 불렸다가 돌 없이 깨끗이 씻어 찜통에 쪄낸 후, 소금을 넣고 찧어 어레미에 내린다.

4. 준비한 밤, 대추, 풋콩, 단감을 멥쌀가루에 넣고 골고루 섞어준다.

5. 찜기에 젖은 면보(실리콘 시루밑)를 깔고, 녹두고물을 밑이 보이지 않게 충분히 펴서 깔고 준비한 떡가루를 3cm 정도로 고르게 넣고 다시 녹두고물을 얹어 시루에 켜켜이 안친다.

6. 솥 위에 시루를 올리고 시룻번을 붙인 다음 센 불에서 찌다가 김이 오르면 뚜껑을 덮어 20분 정도 쪄낸 다음 약 불로 줄여 5분 정도 뜸을 들인 후 쟁반을 덮고 엎어서 쏟아낸다.

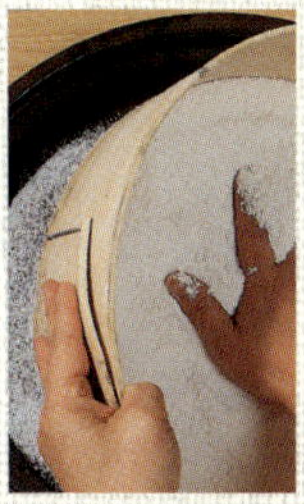

1. 멥쌀가루 체에 내리기
2. 멥쌀가루에 물 주기

3. 밤, 감 등 부재료 준비하기

4. 멥쌀가루에 부재료 섞기

5. 어레미에 녹두고물 내리기
6. 떡가루에 녹두고물 뿌리기

Tip

- 멥쌀가루에 찹쌀가루를 20% 정도 섞어 쓰면 더욱 쫄깃한 신과병을 맛볼 수 있다.
- 녹두고물은 거피한 생녹두를 쪄서 그대로 사용해도 색다른 맛을 즐길 수 있다.
- 사과, 감, 귤, 키위 등을 섞어서 만들면 과일설기가 되며, 당근 · 우엉 · 고구마 · 시금치 등을 섞어서 만들면 채소설기, 볶은 김치를 섞으면 김치설기, 다진 쇠고기를 볶아 넣으면 쇠고기설기가 된다.

모듬백이 [2102010309_13v, 떡제조, 능력단위(수준) : 인절미(3)]

찹쌀가루에 밤 · 대추 · 콩 · 팥 등을 섞어 버무려 시루에 찐 찰무리떡으로 겹쳐서 굳혀 썰었을 때 마치 쇠머리 편육처럼 생겼다 하여 '쇠머리떡'이라고도 한다. 따라서 모듬백이는 수확기인 가을철에 주변에서 흔하고 쉽게 구할 수 있는 곡식과, 여러 가지 과일 등의 재료를 이용해 만든 매우 소담스럽고 찰진 가을 떡으로, 상큼한 맛과 영양을 고루 갖춘 뛰어난 건강식 떡이다.

재료 ① 찹쌀 800g(소두 1되, 찹쌀가루 12컵, 1.2kg), 소금 1큰술, 서리태 1컵, 붉은팥 1/2컵, 밤 20개, 대추 10개, 곶감 2개, 유자청건지 3큰술, 호박고지 40g, 황설탕 1컵, 물 6큰술

② 떡제조기능사 검정용: 찹쌀가루 500g, 소금 5g, 물 30g, 설탕 50g,

[부재료] 불린 서리태 100g, 대추 5개, 깐 밤 5개, 건호박고지 20g, 식용유 30g

만드는 법

1. 찹쌀가루에 소금과 물(2큰술)을 넣고 수분을 준 다음 골고루 비벼 섞어 체에 내린다.

2. 서리태는 씻어 충분히 불려(8시간) 10-15분간 삶아 물기를 뺀 후 소금간을 한다.

3. 밤은 껍질을 깨끗이 벗겨 4-6등분하고, 대추는 씨를 발라내고 돌려깎기하여 4-5등분한다. 호박고지는 물에 씻어 2-3cm 길이로 자른다.

4. 체에 내린 1의 찹쌀가루에 준비한 서리태, 밤, 대추, 호박고지 등의 부재료를 섞은 후 설텅을 넣고 재빨리 버무린다.
   ※ 전통쇠머리떡은 굵게 썬 곶감과 유자청 건지를 첨가한다.

5. 김 오른 찜기에 젖은 면보를 깔고 4의 떡가루를 듬성듬성 안쳐 센 불에서 찌다가 김이 오르면 뚜껑을 덮어 30분 정도 찐다.

6. 떡이 투명하게 익으면 네모난 틀에 식용유 바른 비닐을 깔고 꼭꼭 눌러 담아 굳힌 후 썬다.

1. 찹쌀가루 체에 내리기

2. 밤 등 부재료 손질하기
3. 밤, 대추 등 부재료끼리 섞기

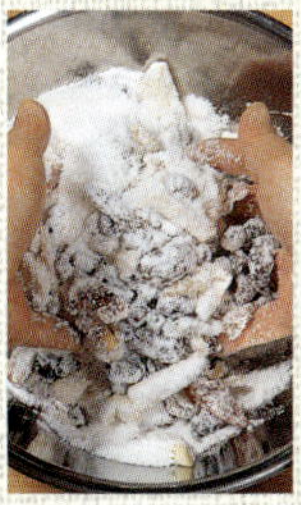

4. 찹쌀가루에 부재료 넣고 고루섞기
5. 시루에 떡가루 안쳐 찌기

6. 쪄진 떡 모양잡기

쇠머리떡

떡제조기능사 수검 시 요구사항

※지급된 재료 및 시설을 사용하여 쇠머리떡을 만들어 제출하시오

① 떡 제조시 물의 양은 적정량을 혼합하여 제조하시오.
(단, 쌀가루는 물에 불려 소금간하지 않고 1회 빻은 찹쌀가루이다)

② 불린 서리태는 삶거나 쪄서 사용하고 호박조기는 물에 불려서 사용하시오.

③ 밤, 대추, 호박고지는 적당한 크기로 잘라서 사용하시오.

④ 부재료를 쌀가루와 잘 섞어 혼합한 후 찜기에 안치시오.

⑤ 떡반죽을 넣은 찜기를 물솥에 얹어 찌시오.

⑥ 완성된 쇠머리떡은 15cm x 15cm 정도의 사각형 모양으로 만들어 자리지 말고 제출하시오.

약식

[2102010305_13v, 떡제조, 능력단위(수준) : 약밥(3)]

약밥이라고도 하며 잔칫상에 빠지지 않고 오르던 음식으로 밥에 속하지 않고 떡류에 속한다. 《삼국유사(三國遺事)》에 나오는 고사를 보면, 신라 21대 소지왕이 왕위에 오르고 10년 되는 해의 정월 대보름날(上元日)에 재앙을 미리 알려줘 목숨을 살려 준 까마귀에 대한 보은으로 이 날을 까마귀 제삿날로 삼아 찰밥을 지어 까마귀에게 먹이도록 하니 이 풍습이 지금까지 내려와 지금도 우리나라 어느 곳에서나 만들어 먹는 정월 대보름의 절식이다. 우리 나라 말에 꿀을 약(藥)이라 하기 때문에 꿀술을 약주(藥酒), 꿀밥을 약밥(藥食)이라 하였으며, 꿀을 넣은 과자를 약과(藥果)라 하였다.

재료

찹쌀 5컵(500g)

[소금물] 물 1/2컵, 소금 1/2작은술

[부재료] 깐 밤 10개, 대추 10개, 잣 2큰술

[양념] 흰설탕 1/3컵, 황설탕 1컵, 계피가루 1작은술, 진간장 3큰술, 대추씨 고은물 2큰술 꿀 1/3컵, 참기름 2큰술, 캐러멜 소스 4큰술

만드는 법

1. 찹쌀은 깨끗이 씻어 일어서 6시간 이상 불린 후 건져 물기를 빼고, 찜통에 베보자기를 깔고 약 1시간 정도 찌는데, 김이 나기 시작하면 도중에 소금물(소금 1/2작은술, 물 1/2컵)을 훌훌 끼얹은 후 나무주걱으로 위·아래를 한두 번 고루 뒤섞어 골고루 익힌다.

2. 밤은 속껍질을 깨끗이 벗기고 4-5조각으로 자른다. 대추는 꼭지를 따고 깨끗이 씻은 후 씨를 발라내어 4-6조각으로 자르고, 대추씨는 물을 넉넉히 붓고 푹 고아서 걸러 놓고 잣은 고깔을 떼어낸다.

3. 1의 쪄낸 찰밥이 뜨거울 때 큰그릇에 쏟아 펼쳐 황설탕과 계핏가루, 진간장, 대추씨 고운물, 캐러멜소스, 꿀, 참기름 등의 양념을 넣고 고루 섞으면서 준비한 밤과 대추를 섞는다. 유자청건지와 녹차가루를 갈각 섞어 삼색 약식을 만들기도 한다.

4. 양념한 3의 찰밥을 3시간 이상 간이 배이도록 젖은 면보를 덮어둔다.

5. 찜통에 젖은 면보를 깔고 40분 정도 다시 찌거나 중탕을 한 후 큰 그릇에 쏟아 참기름, 꿀, 잣을 섞어 모양내어 담는다.

1. 찹쌀에 소금간하여 찌기
2. 대추, 밤 등 부재료 준비하기

3. 대추씨 푹 고우기
4. 캐러멜 소스 만들기

5. 쪄낸 찰밥에 양념과 색내기

6. 찜통에 간이 배인 찰밥 다시 찌기

Tip

- 찹쌀을 처음 애벌 찔 때에 충분히 쪄야 고루 푹 익고 간과 색이 잘 배이며 잘 굳지 않는다.

캐러멜소스 만드는 법

1. 설탕 6큰술과 식용유 3큰술을 냄비에 담고, 불에 올려 젓지 말고 끓인다.
2. 큰 거품이 나고 가장자리부터 타기 시작하면 불을 약하게 줄인다.
3. 2를 고루 저어 전체가 진한 갈색이 되면 바로 녹말물(녹말 1큰술, 물 2큰술)이나 물엿 3큰술을 넣어 섞어서 굳지 않도록 한다.

무시루떡 [2102010302_13v, 떡제조 능력단위(수준) : 켜떡류(3)]

멥쌀가루에 굵게 채 썬 무와 팥고물을 켜켜이 놓아 가며 안쳐 찐 것으로 나복병(羅蔔餠)이라고도 한다. 김장무가 나오는 10월 상달에 별미로 해 먹는 것으로 서민적이며 토속적인 떡으로 〈규합총서, 1815〉, 〈임원십육지, 1827〉, 〈부인필지, 1855〉 등에 기록되어 있다. 특히 무시루떡은 가을철의 달콤한 무, 쌀가루, 팥고물이 어우러져 그 맛이 부드러울 뿐만 아니라 무에 전분 분해효소인 디아스타제(diastase)가 함유되어 있어 과식해도 탈 날 염려가 없다.

재료 멥쌀가루 700g, 소금 7g, 물 2큰술, 설탕 70g, 무 300g(소금 1작은술, 설탕 1큰술)
[고물] 붉은팥 3컵, 소금 1작은술

만드는 법

1. 멥쌀가루에 소금(1작은술)을 넣고 체에 내린 후 물로 수분을 주어 골고루 비벼 섞는다. 손으로 살짝 쥐어 흔들어 보아 깨지지 않으면 다시 체에 내린 다음 설탕을 넣고 재빨리 가볍게 섞는다.

2. 붉은팥은 물을 넉넉히 붓고 삶다가 한 번 그 물을 버리고, 다시 팥의 3배 정도의 찬물을 부어 팥이 무를 때까지 푹 삶는다. 팥알을 만져서 팥이 부스러지면 물을 따라 버리고 낮은 불에서 5분 정도 뜸을 들인 후, 뜨거울 때에 절구에 쏟아서 소금을 넣고 대강 찧어 고물을 재빨리 넓은 쟁반에 펼쳐서 고물이 질지 않게 한다.

3. 무는 껍질을 벗겨 3~4mm로 굵게 채를 썰어 소금과 설탕을 뿌려 두었다가 소쿠리에 건져 물기를 뺀다.

4. 수분을 준 1의 멥쌀가루에 준비한 3의 무채를 넣고 고루 섞는다.

5. 시루에 시루밑을 깔고 팥고물을 두껍게 고루 편 후 4의 무 섞은 떡가루를 4cm 두께로 안치고 다시 팥고물을 덮고 반복하여 켜를 놓아 맨 위에 팥고물이 오게 안친다.

6. 김이 오른 솥에 시루를 올리고 시룻번을 붙여 센 불에서 찌다가 김이 오르면 뚜껑을 덮어서 20분 정도 찐다.

7. 대꼬치로 찔러보아 흰 가루가 묻어나지 않으면 약 불로 줄여 5분 정도 뜸을 들인 다음 쟁반을 덮고 엎어서 쏟아낸다.

1. 멥쌀가루 체에 내리기
2. 무에 소금과 설탕 간하기

3. 멥쌀가루와 물기 뺀 무채 섞기
4. 붉은 팥 삶다가 물 버리기

5. 삶은 팥 절구에 대강 찧기
6. 떡가루 위에 팥고물 안치기

7. 시룻번 붙여 찌기

Tip

- 무를 소금으로만 버무리면 무가 질겨지고 쓴맛이 생겨서 좋지 않다.
- 무의 양이 좀 더 많아도 좋으며 다른 떡보다 켜를 두껍게 한다. 처음부터 쌀가루와 팥고물을 등분하여 안치면 켜가 고른 떡을 얻을 수 있다.
- 스테인레스 찜통일 경우, 그대로 찌면 떡의 둘레가 마르므로 찜통 안쪽 벽에 기름을 칠한 뒤 물을 뿌려 주면 떡 주위가 마르지 않는다.

봉치떡

[2102010302_13v, 떡제조, 능력단위(수준) : 켜떡류(3)]

봉채떡이라고도 하며 시루에 붉은 팥고물을 써서 두 켜만 안치고 맨 위에 대추와 밤을 둥글게 돌려 놓아 함이 들어올 시간에 쪄서 시루째 상에 올리는 붉은팥차시루떡이다. 이 때 찹쌀가루를 쓰는 것은 부부의 금실이 찰떡처럼 평생을 화목하게 잘 합쳐지라는 뜻이고, 붉은 팥고물은 액을 면하게 한다는 의미가 담겨 있다. 떡 위에 놓는 대추는 아들을, 밤은 딸을 상징하며 떡을 두 켜로 하는 것은 곧 한 쌍의 부부를 뜻한다.

재료 찹쌀 1kg(소두 $1\frac{1}{2}$되), 찹쌀가루 15컵(1.5kg), 소금 20g, 설탕 150g, 대추 7개, 밤 1개, 붉은팥고물 600g(6컵)+소금 1큰술

만드는 법

1. 찹쌀은 씻어서 하룻밤 불려서 소금을 넣어 가루로 빻아 체에 내린 다음 수분을 주고 재빨리 설탕을 넣어 고루 섞어 준다.

2. 붉은팥은 씻어서 물을 넉넉히 붓고 끓이다가 그 물을 쏟아버리고 다시 팥의 3배 정도의 찬물을 부어 심까지 무르게 푹 삶아 뜨거울 때에 절구에 쏟아서 소금을 넣고 대강 찧어서 팥고물을 만든다.

3. 대추는 젖은 행주로 깨끗이 닦고 밤은 껍질을 벗긴다.

4. 시루에 시루밑을 깔고 팥고물을 고루 뿌린 뒤 떡가루를 조금만 남기고 반으로 나누어서 안치고 그 위에 팥고물을 고루 얹는다. 이어서 떡가루, 팥고물 순으로 번갈아 가며 안치되 맨 위에는 팥고물이 오도록 한다.

5. 팥고물을 얹은 다음 그 가운데에 남은 쌀가루를 놓고 대추를 동그랗게 돌리고 가운데에 밤을 놓는다.

6. 김이 오른 솥에 시루를 안쳐서 시룻번을 붙이고 30분 정도 찐 후 대꼬치로 찔러보아 흰 가루가 묻어나지 않으면 불을 끄고 잠깐 뜸을 들여 시루째 상에 올린다.

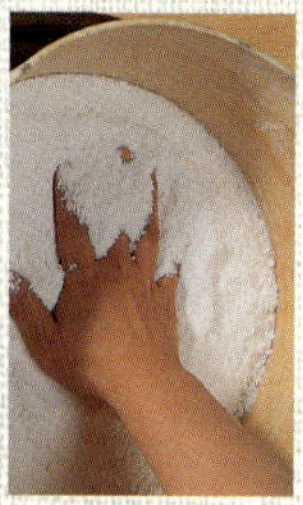

1. 찹쌀에 소금간하기
2. 찹쌀가루에 물을 주어 체에 내리기

3. 붉은팥 삶다가 물 버리기
4. 삶은 팥 절구에 대강 찧기

5. 팥고물 위에 찹쌀가루 조금 뿌리기

6. 가운데에 밤과 대추 얹기

Tip

- 찹쌀가루를 너무 곱게 여러 번 체에 내리거나 떡가루를 안칠 때 누르면 전분 입자가 조밀해지고 점성이 강해서 떡이 부드럽지 못하고 속까지 고루 익지 않는다.
- 붉은팥은 삶아 뜨거울 때 소금을 넣고 절구에 쏟아 대강 찧어 재빨리 넓은 쟁반에 펼쳐야 고물이 질어지지 않는다.

무지개떡 [2102010302_13v, 떡제조, 능력단위(수준) : 켜떡류(3)]

색떡이라고도 하며 고물 대신 멥쌀가루에 원하는 색의 수대로 나누어 물을 들여 찐 떡으로 천연색소를 사용하여 화려하면서도 은은한 자연색의 조화로움이 돋보인다. 경사스런 날이나 축하의 자리를 더욱 빛내어 주므로 빠지지 않고 올리는 떡이다.

재료 멥쌀가루 2kg, 소금 20g, 설탕 200g

만드는 법

*쌀가루 물들이기
· 흰색: 멥쌀가루 300g, 물 50g
· 분홍색: 멥쌀가루 400g, 물 70g, 딸기(체리)가루 10g
· 노란색: 멥쌀가루 400g, 물 70g, 치자(단호박)가루 10g
· 갈색: 멥쌀가루 400g, 물 70g, 석이버섯(계피)가루 10g
· 녹색: 멥쌀가루 400g, 물 70g, 쑥가루 10g

1. 멥쌀가루에 소금을 넣고 체에 내려서 5등분한 후 색을 내는 재료를 각각 넣고 골고루 섞어 색을 낸다.

2. 1의 5등분한 멥쌀가루에 물로 수분을 주고 골고루 비벼 섞은 후 손으로 살짝 쥐어 흔들어 보아 깨지지 않으면 다시 체에 내린 후 설탕을 넣고 재빨리 가볍게 고루 섞는다.

3. 찜기에 젖은 베보자기를 깔고 2의 각각의 색물을 들인 떡가루를 순서대로 켜켜이 편편하게 안친다.

4. 면보를 덮고 찜솥을 얹어 센불에서 찌다가 김이 오르면 뚜껑을 덮고 25분간 찐다.

5. 대꼬치를 찔러보아 흰 가루가 묻어나지 않으면 약불로 줄여 5분 정도 뜸을 들인 뒤 쟁반으로 덮고 엎어서 쏟아낸다.

6. 떡 위의 장식은 멥쌀가루 1컵을 쪄낸 후 초록색과 분홍색으로 물을 들이고 밀대로 밀어 꽃과 꽃잎을 만들어서 장식한다.

Tip

• 떡가루를 시루에 안칠 때는 손으로 솔솔 뿌려 눌러지지 않도록 하며, 켜의 두께가 일정해야 보기 좋으므로 떡가루의 분량을 미리 똑같이 나누어 놓는다.
• 쌀가루를 체에 내려 고운 가루를 만들어야 질감이 좋고, 쌀가루에 물을 들일 때는 은은한 색이 나도록 조절한다.

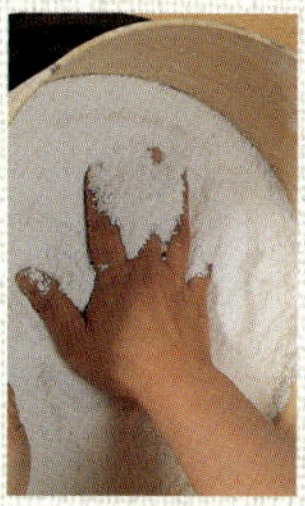

1. 멥쌀가루 체에 내리기
2. 멥쌀가루에 물 주기

3. 색을 내는 재료

4. 멥쌀가루에 석이버섯가루 섞기

5. 멥쌀가루에 체리가루 섞기
6. 멥쌀가루에 쑥가루 섞기

두텁떡 [2102010302_13v, 떡제조, 능력단위(수준) : 켜떡류(3)]

거피팥고물을 뿌린 다음 찹쌀가루를 한 수저씩 놓고 소를 넣은 후 그 위에 다시 찹쌀가루를 넣고 팥고물을 얹어 찐 떡이다. 시루에 안칠 때 떡의 모양을 작은 보시기 크기로 하나씩 떠낼 수 있게 소복하게 안치므로 봉우리떡이라고도 하며, 소를 넣고 뚜껑을 덮어 안쳐 그 모양이 그릇 중의 합과 같다는 뜻으로 합병(盒餠), 편편히 썰어 먹는 떡이 아니라 도톰하게 하나씩 떠먹는 떡이라는 뜻으로, 두터울 후(厚)자가 붙은 후병(厚餠)으로도 불리었음을 〈규합총서〉, 〈시의전서〉, 〈간편조선요리제법〉, 〈이조궁중음식연회고〉 등의 고조리서를 통해서 알 수 있다.

재료

찹쌀 700g, 진간장 5g, 꿀 4큰술

[고물] 거피팥 500g, 진간장 2큰술, 흰설탕 · 황설탕 각 4컵, 계핏가루 1작은술, 꿀 2큰술, 소금 1/2작은술

[두텁소] 밤 · 대추 각 10개, 유자청건지 1큰술, 유자청 1큰술, 잣 1큰술, 볶은 거피팥고물 1컵, 꿀 1큰술, 계핏가루 1/2작은술

만드는 법

1. 찹쌀가루에 진간장과 꿀을 넣어 두 손으로 비벼 고루 섞어 체에 내린다.

2. 거피팥은 하룻밤 찬물에 충분히 불려 껍질 없이 씻어서 찜통에 푹 쪄, 뜨거울 때 어레미에 내리고 진간장, 흰설탕, 황설탕, 계핏가루를 넣어서 두꺼운 번철에 팥가루를 말리는 상태로 보슬보슬하게 볶아 체에 내려 거피팥고물을 만든다.

3. 밤과 대추, 호두는 손질하여 0.8cm 정도 네모나게 썰고, 유자청건지는 굵게 다지고, 잣은 고깔을 떼고 통잣으로 준비한다. 2의 거피팥고물에 꿀과 유자청, 다진 유자청건지, 계핏가루를 섞어 뭉쳐, 작은 밤톨만큼씩 떼어 밤, 대추, 호두, 잣을 꼭꼭 박아 직경 2cm 정도로 동글납작하게 빚어 두텁소를 만든다.

4. 나무시루나 찜통에 거피팥고물을 한 켜 넉넉히 깔고 그 위에 찹쌀가루를 한 수저씩 서로 붙지 않도록 드문드문 떠놓고, 소를 하나씩 얹은 후 다시 찹쌀가루를 속이 보이지 않게 봉우리처럼 덮은 다음 두텁고물을 충분히 얹는다.

5. 이렇게 봉우리 사이로 3~4켜 안쳐서 20분 정도 찐다. 김이 나면 대꼬치로 찔러 흰 가루가 묻어나지 않으면 불을 끄고 뜸을 들인다.

6. 익은 떡은 한 김 식힌 후 한 숟가락씩 떼어 내어 그릇에 담는다.

Tip

- 고물은 주걱으로 눌러가며 뒤집어 질지 않고 보슬보슬하게 볶아 어레미에 내린다.
- 두텁떡이 다 쪄지면 한 김이 나간 후 숟가락으로 떡을 하나씩 꺼내면서 모양을 다듬어 낸다.

1. 찹쌀가루에 꿀과 진간장 섞기
2. 거피팥 찌기

3. 거피팥고물에 양념하기
4. 양념한 거피팥고물 볶기

5. 거피팥고물 볶아 체에 내리기
6. 두텁소 재료 섞기

7. 두텁소 만들기
8. 떡가루 위에 소 올리기

9. 소 위에 다시 떡가루 얹기
10. 볶은 거피팥고물로 덮기

구름떡

[2102010309_13v, 떡제조, 능력단위(수준) : 인절미(3)]

여러 가지 견과류를 섞은 찰떡에 볶은 팥앙금가루나 흑임자가루를 묻혀 불규칙한 층이 생기도록 틀에 넣어 굳히는 떡이다. 찹쌀의 차지고 늘어지는 특징을 이용한 것으로 찐 찰떡을 틀에 넣어 굳히면 층이 자연스럽게 만들어져 썰어서 그릇에 담으면 떡의 단면이 마치 구름이 흩어져 있는 모양과 같다 하여 붙여진 이름이다.

재료

찹쌀가루 16컵(1.6kg), 소금 1½큰술, 설탕 1½컵, 대추 14개 밤 10개, 서리태 1/2컵, 호두 1컵, 잣 1큰술, 잣 1/2컵

[고물] 1. 붉은팥 6컵, 설탕 1/2컵, 계핏가루 1/4컵, 진간장 1큰술
2. 검정깨가루 4컵, 설탕 1/3컵, 소금1/2 작은술

만드는 법

1. 찹쌀가루에 소금과 물을 섞고 수분을 준 다음 고루 비벼 섞어 체에 내린다.

2. 대추는 씨를 발라내고 밤은 껍질을 벗겨서 3~4등분하고 호두는 뜨거운 물을 부어 떫은맛을 우려낸 후 속껍질을 벗겨 4~6쪽으로 자르고 서리태는 물에 불려 삶아 소금을 뿌려두고 잣은 고깔을 뗀다.

3. 찹쌀가루에 준비된 대추, 밤, 호두, 서리태, 잣을 골고루 섞어서 젖은 베보자기를 깔고 찜기에 안치고 찌는 도중 주걱으로 한 번 뒤집어 골고루 익도록 한다. 김이 오르면 30분 정도 찐다.

4. 붉은팥은 푹 삶아서 고운 체로 걸러 팥앙금을 낸 다음 설탕과 진간장을 넣고 두꺼운 팬에 은근한 불로 볶고 계핏가루를 섞어 팥앙금가루을 만든다. 검정깨는 씻어 일어 볶은 후 분마기로 갈아서 검정깨가루를 만든다.

5. 식용유 바른 비닐을 깐 네모진 틀의 밑바닥에 각각의 고물을 고루 펴고, 쪄낸 떡은 조그맣게 뜯어 각각의 고물을 묻혀 꼭꼭 눌러가며 담고 그 위에 다시 고물을 뿌린다. 이때 시럽을 바르면서 떡덩이들이 잘 붙게 한다. 떡이 적당히 굳으면 그릇에서 꺼내어 1.5cm 두께로 썰어 낸다.

＊찹쌀가루에 찐 단호박은 으깨어 넣고 대추, 밤, 호두, 잣 불려서 삶은 서리태 등의 견과류와 두류를 넣고 쪄낸 다음 검정깨가루 고물을 묻혀 구름떡을 만들기도 한다.

1. 찹쌀가루 체에 내리기
2. 찹쌀가루에 물 주기

3. 견과류 다지기
4. 쌀가루와 부재료 섞기

5. 삶은 팥 체에 내리기
6. 삶은 팥앙금 짜기

7. 팥앙금 팬에 볶기
8. 팥앙금가루 묻혀 떡 담아 누르기

Tip

- 떡에 묻히거나 뿌리는 고물이 넉넉해야 구름 문양이 선명하게 나온다.
- 떡이 서로 붙어 모양이 잡히도록 시럽이나 꿀을 발라가면서 꼭꼭 눌러 가며 차곡차곡 담아 도마 등 무거운 것으로 눌러 굳힌다.
- 찹쌀가루에 찐 단호박을 준비한 대추, 밤, 호두, 잣, 삶은 서리태 등의 견과류를 넣어 구름떡을 만들기도 한다.

석탄병

[2102010302_13v, 떡제조, 능력단위(수준) : 켜떡류(3)]

멥쌀가루에 감가루를 섞고, 설탕물을 넣어 체에 내린 자줏빛 가루에 잣가루, 민생강, 귤병, 계핏가루, 대추, 밤 등을 섞은 후, 녹두고물을 깔고 그 위에 떡가루를 넣고 녹두고물을 얹어 시루에 찐 떡이다. 석탄병이란 이름의 유래는 이 떡이 차마 삼키기 아까울 정도로 맛이 있다고 해서 붙여진 것으로 〈부인필지〉, 〈규합총서〉, 〈조선요리제법〉, 〈조선무쌍신식요리제법〉 등의 여러 문헌에 소개되고 있으며 이름처럼 달콤하고 부드러워 입안에 절로 녹아드는 독특한 감칠맛을 지니고 있다.

재료 멥쌀가루 700g, 소금 7g, 설탕 70g, 물 105g, 감가루 1컵, 잣(가루) 1/4컵, 계핏가루 1작은술, 생강정과(민강) 1작은술, 밤 10개, 대추 10개, 귤병(유자설탕절임) 50g,
[고물] 거피녹두 300g, 소금 1작은술

만드는 법

1. 멥쌀가루에 소금(1작은술)을 넣고 체에 내린 후 물로 수분을 주어 골고루 비벼 섞는다 손으로 살짝 쥐어 흔들어 보아 깨지지 않는다면 수분이 적당하다.

2. 1의 멥쌀가루에 감가루, 계핏가루를 섞고 골고루 비빈 후 다시 한 번 체에 내린다.

3. 밤은 껍질을 까서 8조각 정도로 썰고, 대추는 씨를 발라내고 3~4 등분하고, 잣은 고깔을 떼어놓는다.

4. 밤, 대추, 귤병, 민생강 썬 것과 잣가루를 멥쌀가루와 함께 섞는다.

5. 거피녹두는 물에 하룻밤 충분히 불렸다가 돌 없이 깨끗이 씻어 찜통에 찌고 소금 간을 한 후 찧어 어레미에 내린다.

6. 젖은 베보자기를 깔고 녹두고물을 충분히 펴서 덮은 다음, 준비한 떡가루를 4~5cm 정도로 편편히 얹고 그 위에 다시 녹두고물을 얹는다.

7. 김이 오른 솥 위에 시루를 올리고 센 불에서 찌다가 김이 오르면 두껑을 덮어 약 20분 정도 더 찐 뒤 대꼬치로 찔러보아 흰 가루가 묻어 나오지 않으면 약 불로 줄여 5분간 뜸을 들인 뒤 쟁반을 덮고 엎어서 쏟아 내어 한 김 식힌 후 썬다.

1. 멥쌀가루 · 소금 · 물 체에 내리기

2. 멥쌀가루에 감가루 섞기
3. 잘게 썬 밤, 대추 부재료 끼리 섞기

4. 멥쌀가루에 밤, 대추 등 섞기
5. 녹두 찜통에 찌기

6. 쪄낸 녹두고물 내기
7. 떡가루 위에 녹두고물 얹기

Tip

- 감가루는 가을에 땡감을 소금물에 담구어서 떫은 맛을 제거한 후 껍질을 벗겨 얇게 저며 썰어서 채반에 바싹 말렸다가 빻아 가루로 만들어 냉동고에 보관해 두고 필요할 때 쓴다.
- 귤병 대신 유자설탕절임, 민생강 대신 생강정과를 써도 좋다.

꽃송편

[2102010303_13v, 떡제조, 능력단위(수준) : 빚어 찌는 떡류(3)]

솔잎을 사용한 데서 유래되는 송병(松餠)에 여러 가지 색색의 반죽으로 꽃모양을 내어 쪄낸 것으로 매화꽃송편이라고도 한다. 추석 때 거의 모든 지방에서 햇곡식으로 빚는 명절떡이지만 특히 꽃송편은 전라도 지방에서 천연재료의 색을 이용하여 오색으로 여러 가지 모양으로 빚어 그 화려함에 눈을 뗄 수 없는 떡이다. 송편에 대한 기록으로는 〈요록〉을 시작으로 〈성호사설〉, 〈규합총서〉, 〈동국세시기〉, 〈부인필지〉, 〈시의전서〉 등에 기록되어 있는 바, 연중 가장 먼저 나오는 햅쌀로 빚는 송편을 특히 오려송편이라 하여 조상의 차례상과 묘소에 올렸다.

재료

멥쌀 800g(소두 1되, 멥쌀가루 12컵, 1.2kg), 소금 1큰술, 물 2컵, **[색물]** ① 치자물 1/3컵(치자 2개, 물 5큰술), ② 포도즙 1/3컵, ③ 쑥가루물 1/3컵(쑥가루 3큰술), 코코아물 1/3컵(코코아 2큰술, 물 1/3컵), 참기름 2큰술, **[깨소]** 깨소금 2컵, 잣가루 3큰술, 설탕 1/2컵, 꿀 3큰술 **[밤소]** 삶은 밤 2컵, 계핏가루 1작은술, 유자청건지 3큰술, 꿀 1큰술

송편 떡제조기능사 검정용: 멥쌀가루 200g, 소금 2g, 물 150g, 불린 서리태 70g, 참기름 5g

- 익반죽하여 반죽을 12개 이상 분할(18g~20g)
- 서리태콩 5개씩 소로 넣기

만드는 법

1. 멥쌀은 깨끗이 씻은 후 물에 6시간 정도 불렸다가 소쿠리에 건져 소금을 넣고 가루로 빻아서 체에 내린다.(2번)

2. 멥쌀가루를 5등분하여 치자물, 코코아물, 포도즙, 쑥가루를 넣고 각각 익반죽하여 오래 치대어 젖은 베보자기나 비닐 등을 덮어둔다.

3. 깨소금과 꿀, 설탕은 고루 섞어 깨소를 만들고, 삶은 밤, 계핏가루, 설탕, 꿀, 유자청건지를 고루 섞어 밤소를 만들어 놓는다.

4. 각색의 반죽을 한입 크기로 떼어 둥글게 빚은 후 가운데에 우물을 파 소를 넣고 빚는다.

5. 떡 위에 붙이는 장식 꽃은 색색의 반죽을 작게 떼어 동그랗게 빚은 후 떡 위에 붙여 꼬치로 눌러주어 매화꽃 모양을 낸다.

6. 빚은 송편은 솔잎을 깐 찜통에 서로 닿지 않게 얹고 김이 오르고 난 후 20분 정도 찐 다음 찬물에 살짝 헹군 후 참기름을 바르기도 한다.

1. 멥쌀가루 체에 내리기

2. 멥쌀가루 색내어 반죽하기
3. 소 넣어 송편 빚기

4. 송편 위에 색반죽 붙이기
5. 매화꽃 모양 내기

6. 시루에 송편 쪄 내기

송편

떡제조기능사 수검 시 요구사항

※지급된 재료 및 시설을 사용하여 쇠머리떡을 만들어 제출하시오

① 떡 제조 시 물의 양은 적정량으로 혼합하여 제조하시오
(단, 쌀가루는 물에 불려 소금간을 하지 않고 2회 빻은 쌀가루이다.)
② 불린 서리태는 삶아서 송편소로 사용하시오.
③ 쌀가루는 익반죽하시오.
④ 송편은 완성된 상태가 길이 5cm, 높이 3cm 정도의 반달모양으로 오므려 집어 송편 모양을 만들어 12개 이상을 만드시오.
⑤ 송편을 찜기에 쪄서 참기름을 발라 제출하시오.

감자송편 [2102010303_13v, 떡제조, 능력단위(수준) : 빚어 찌는 떡류(3)]

감자를 갈아서 만든 앙금과 건지를 섞어서 되직하게 반죽하거나, 감자녹말을 익반죽하여 팥이나 강낭콩으로 소를 넣고 송편처럼 빚어 찌는데, 강릉에서는 이 떡을 빚을 때 손자국을 내어 소박한 멋을 내기도 하며, 북쪽에서는 언 감자를 녹여 만들기도 한다. 손자국이 선명하게 나고 모양이 소박한 감자송편은 뜨거울 때 먹으면 맛이 매우 구수하고 쫄깃하여 별미이다. 감자는 한자명으로 "마령서(馬鈴薯)"라고 하는데, 중요한 에너지원일 뿐만 아니라, 사람의 성장과 건강을 돕는 양질의 단백질과 칼륨 등의 무기질이 풍부한 알칼리성 식품이다.

재료

감자녹말 5컵, 소금 1작은술, 설탕 2작은술, 식용유 1작은술,참기름 적당량

[강낭(완두)콩소] 강낭콩, 완두콩 각 1컵, 설탕 1큰술, 소금 1/2작은술

만드는 법

1. 감자녹말에 소금과 설탕을 넣고 끓는 물로 익반죽한다. 반죽하는 중간에 식용유를 넣고 고루 섞어 비닐봉지에 넣어둔다.
2. 붉은강낭콩과 완두콩은 씻어 각각 설탕과 소금을 넣고 고루 섞어 간을 하여 소를 만들어 둔다.
3. 반죽을 한입 크기로 떼어 둥글게 빚은 후 가운데에 우물을 파 소를 넣고 두 손으로 꼭꼭 눌러준다.
4. 김이 오른 찜통에 젖은 베보자기를 깔고 빚어 놓은 송편을 얹어 김이 오르면 20분 정도 쪄서 말갛게 익으면 뜨거울 때 꺼내어 참기름을 바른다.

Tip

- 감자송편은 참기름을 넉넉하게 발라 뜨거울 때 먹는것이 맛있다.
- 감자녹말 대신 시판용 감자 송편가루를 이용해도 좋다.

호박송편

[2102010303_13v, 떡제조, 능력단위(수준) : 빚어 찌는 떡류(3)]

호박송편은 단호박을 썰어 말렸다가 가루로 만들거나 찐 호박을 으깨어 멥쌀가루와 섞어 반죽한 뒤, 볶은 통깨나 대추로 소를 만들어 넣고 호박모양으로 송편을 빚어 찜통에 쪄낸 떡이다. 맛이 달고 구수할 뿐만 아니라 호박 특유의 선명한 노란색과 앙증맞은 모양이 돋보인다. 또한 호박에 다량 함유되어 있는 카로틴(carotene)과 섬유질 등의 영양성으로 요즈음 현대인들이 선호하는 떡 중의 하나이다.

재료

멥쌀가루 6컵(600g), 소금 1작은술, 단호박 300g
[깨소] 꿀 2큰술, 통깨 1컵, 설탕 1/2컵
[대추소] 다진 대추 1컵, 계핏가루 1작은술, 유자청건지 3큰술, 참기름 적당량

만드는 법

1. 단호박은 길이로 썰어 씨를 발라낸 뒤 찜통에 쪄 익으면 절구에 넣고 찧는다.
2. 분량의 재료를 고루 섞어 깨소와 대추소를 만들어 놓는다.
3. 멥쌀가루에 단호박 으깬 것을 넣고 반죽하여 오래 치대어 젖은 베보자기를 덮어둔다.
4. 반죽을 한입 크기로 떼어 둥글게 빚은 후 가운데 우물을 파 깨소나 대추소를 넣고 송편을 빚는다.
5. 숟가락 봉으로 눌러 호박모양을 만들고 포도농축액을 섞은 반죽으로 호박꼭지 모양을 만들어 붙인다.
6. 찜통에 젖은 베보자기를 깔고 켜켜이 송편을 얹어 센불에서 김이 오르면 20분 정도 찌고 식혀 참기름을 발라낸다.

부편 [2102010303_13v, 떡제조, 능력단위(수준) : 빚어 찌는 떡류(3)]

찹쌀가루를 익반죽한 뒤 볶은 콩가루에 꿀과 계핏가루를 섞어 소로 넣고 둥글게 그 위에 대추나 곶감채를 얹어 거피팥고물을 뿌려 쪄내어 만든 떡으로, 밀양을 비롯한 경상도 지방에서 즐겨 먹는다. '부편' 이란 말 자체가 웃기떡을 이르는 말이듯 각색편의 웃기로 많이 쓰인다. 따라서 부편은 송편보다 재료나 만드는 법에서 더욱 복잡한 과정을 거치는 떡으로 그 크기에서도 직경 3~4cm 정도로 작게 만들어 대추를 박아 거피팥고물을 뿌려 재료마다의 고유한 맛이 어우러진 아주 고급스러운 떡이다.

재료

찹쌀 400g(소두 1/2되, 찹쌀가루 6컵, 600g), 소금 1작은술
[고물] 거피녹두 300g, 소금 1/2작은술
[콩가루소] 볶은 콩가루 2컵, 꿀 5큰술, 소금 1/2작은술, 계핏가루 1작은술
[고명] 대추 4개, 곶감 1개

만드는 법

1. 찹쌀은 깨끗이 씻은 후 물에 6시간 정도 불렸다가 소쿠리에 건져서 가루로 빻아 소금을 넣고 섞은 후 끓는 물로 익반죽하여 비닐봉지에 넣어둔다.

2. 거피녹두는 하룻밤 충분히 불려서 껍질을 없애고 깨끗이 씻어 김 오른 찜통에 쪄낸 후, 뜨거울 때 소금을 넣고 어레미에 내려 녹두고물을 만든다.

3. 볶은 콩가루에 꿀, 소금, 계핏가루를 섞어 대추 크기 만하게 뭉쳐 소를 준비한다. 고명으로 올리는 대추는 돌려깍기를 하여 폭이 0.5cm, 길이 2cm 정도로 썰어 놓는다.

4. 익반죽한 찹쌀반죽을 경단보다 큰 정도로 떼어 소를 넣어 동그랗게 빚은 후 그 위에 채 썬 대추와 곶감을 박아 모양을 만든다.

5. 젖은 베보자기를 깐 찜통에 녹두고물을 한 켜 깔고 빚은 떡을 올리고 다시 녹두고물을 뿌려 김이 오른 찜통에 넣고 20분 정도 찐다.

1. 찹쌀에 소금간하기
2. 찹쌀가루 체에 내리기

3. 찹쌀가루 익반죽하기
4. 반죽에 소 넣어 빚기

4. 대추 고명 올리기
5. 녹두 찜통에 찌기

6. 쪄 낸 녹두 어레미에 내리기
7. 떡가루 위에 녹두고물 뿌리기

Tip

- 부편을 찔 때는 서로 달라붙지 않도록 떡과 떡 사이에 간격을 둔다.
- 고물은 거피녹두 외에도 곶감채, 거피팥고물, 볶은깨고물, 대추채고물 등을 묻히기도 한다.

증편

[2102010304_13v, 떡제조, 능력단위(수준) : 부풀려서 찌는 떡(3)]

멥쌀가루를 술로 반죽하여 부풀게 한 다음 증편틀에 담고 대추, 밤, 잣, 석이버섯 등으로 고명을 얹어 찐 떡이다. 기주떡(起酒餠), 기증병(起蒸餠), 기지떡, 술떡, 벙거지떡 등 지방마다 이름이 다르며, 술을 사용하므로 빨리 쉬지 않아서 여름에 만들어 먹기 좋은 떡이다. 〈음식디미방〉, 〈규합총서〉, 〈간편조리 요리제법〉 등의 고조리서에 비교적 상세히 설명되어 있는 것으로 미루어 보아 우리 조상들의 지혜의 일면을 볼 수 있는 좋은 예라고 할 수 있겠다.

재료

① **[반죽]** 멥쌀 400g(소두 1/2되, 멥쌀가루 6컵, 600g), 생막걸리 3/4컵, 설탕 1/2컵, 소금 1.5 작은술, 미지근한 물 3/4컵

[고명] 대추 5개, 석이버섯 3장, 잣 1큰술

② 떡제조기능사 검정용: 멥쌀가루 2kg, 소금 2큰술

[반죽] 생막걸리 3컵, 소금 2/3큰술, 설탕 2컵, 35℃~40℃의 미지근한 물

[고명] 대추 10개 석이버섯 8장, 잣 1큰술

만드는 법

1. 멥쌀가루에 소금을 넣고 체에 내린 후 막걸리, 설탕, 물을 넣어 나무주걱으로 멍울없이 골고루 저은 다음, 큰 그릇에 담아 랩으로 씌워 위에 두툼한 보를 덮어 35~40℃의 온도가 유지되도록 하여 4~5시간 정도 1차 발효시킨다.

2. 대추는 씨를 빼고 돌려깍기를 하여 가늘게 채 썰고, 석이버섯은 물에 불려 비벼 씻어서 돌돌 말아 가늘게 채 썬다. 잣도 고깔을 떼어 준비한다.

3. 1차 발효 후 반죽이 2~3배 정도로 부풀어 오르면 나무주걱으로 휘저어 가스를 뺀 후, 면보로 다시 덮어 2시간 정도 2차 발효를 시킨다.

4. 2차 발효 후 반죽이 3배 정도로 다시 부풀어 오르면 충분히 저어 가스를 뺀 후 찜통에 베보자기를 깔고 발효된 반죽을 2~3cm 두께로 붓거나 작은 증편 틀에 식용유를 고루 바르고 반죽을 8부쯤 부어 대추채와 석이채를 얹고 잣으로 장식하여 20분 정도 방치하여 3차 발효를 시킨다.

5. 김이 오른 찜통에 증편틀을 올려 약한 불에서 10분, 강한 불에서 10분 정도 찐 후 불을 끈 채 10분쯤 뜸을 들인다(판증편은 약한 불에서 10분, 강한 불에서 20분, 블끄고 10분간 뜸).

1. 멥쌀에 소금간하기
2. 멥쌀가루 체에 내리기

3. 생막걸리로 반죽하기
4. 1차 발효 시키기

5. 가스 뺀 후 2차 발효 시키기
6. 증편틀에 반죽 부어 고명하기

7. 증편틀 찜통에 넣고 찌기

Tip

- 증편에 쓰는 떡가루는 고울수록 좋으며, 반죽의 정도는 된죽 정도가 좋다.
- 햅쌀보다 묵은 쌀이 더 좋으며 부풀어 오르는 정도가 지나치면 맛이 시어진다.
- 증편을 잘 부풀리기 위해 막걸리에 이스트를 조금 넣어 사용하기도 한다.
- 고명으로 석이버섯 대신 검정깨를 쓰기도 한다.

단호박떡케익

[2102010302_13v, 떡제조, 능력단위(수준) : 켜떡류(3)]

멥쌀가루에 찐 단호박을 넣고 체에 내려서 살포시 쪄낸 부드러운 맛과 고운색상이 환상적인 떡케익이다. 근래에 개발된 대중적인 떡으로 축하용이나 생일파티용으로 많이 이용한다.

재료

멥쌀가루 800g(8컵), 소금 2작은술, 설탕 60g, 꿀 1큰술, 단호박 1/2개

[고물] 녹두고물 3컵 또는 카스테라고물 2컵

만드는 법

1. 단호박은 속을 긁어 내고 껍질을 벗긴 후 1/3은 납작하게 썰어 설탕(1큰술)에 재운다. 나머지 2/3은 김 오른 찜통에 쪄내어 으깬다.

2. 멥쌀가루에 쪄 낸 단호박과 소금, 꿀을 넣고 고루 섞어 중간 체에 2번 내린 후 설탕을 넣고 고루 섞는다.

3. 찜솥에 시루밑을 깐 다음 무스틀이나 대나무틀을 얹고 녹두고물을 반 정도 넉넉히 고르게 편 후 단호박쌀가루의 1/2을 넣는다. 그 위에 설탕에 재운 단호박, 남은 절반의 단호박쌀가루, 남은 녹두고물의 순으로 안친다.

4. 김 오른 물솥에 ③을 올리고 골고루 김이 오르면 두껑을 덮어 20분 정도 찐 후 불을 줄여 약 불에서 5분 정도 뜸을 들인다.

5. 넓은 쟁반에 떡을 엎어 쏟은 후 시루밑을 벗겨낸 다음 단호박 정과를 얹어 장식한다.
   *카스테라 고물을 이용시는 단호박편으로 찐 후 고물을 뿌린 후 단호박 정과를 얹어 장식한다.

1. 멥쌀가루에 찐 단호박 으깨어 섞기

2. 단호박 떡가루 체에 내리기

3. 떡틀에 고물 깔기

4. 단호박 켜켜이 얹기

5. 단호박 떡가루 위에 고물 뿌리기

Tip

• 녹두고물 대신 카스텔라 고물로 대체할 수 있으며 여름에는 상하기 쉬우므로 고물을 쓰지 않기도 한다.

자색고구마떡케익

[2102010302_13v, 떡제조, 능력단위(수준) : 켜떡류(3)]

멥쌀가루에 찐 자색고구마를 섞어 고스란히 배인 보라색이 몽환적인 분위기를 내는 고급스러운 떡케익이다.

재료

멥쌀가루 800g(8컵), 소금 2작은술, 설탕 6큰술, 꿀 1큰술, 자색고구마 400g, 당졸임용 고구마 200g, 색절편 100g

만드는 법

1. 자색고구마는 쪄서 체에 내리고, 일반 고구마도 얇게 슬라이스하여 설탕시럽에 졸여둔다.

2. 멥쌀가루에 체에 내린 고구마앙금과 소금을 넣고 고루 섞어 중간 체에 2번 내린 후 분량의 설탕을 넣고 재빨리 섞는다.

3. 찜통에 시루밑을 깐 다음 무스틀을 얹고 쌀가루(1/2 분량)를 편편하게 안친 후 졸인 고구마를 골고루 얹고 남은 쌀가루를 안치고 김이 오른 찜통에 얹어 20분 정도 찐다.

4. 대꼬치로 찔러 쌀가루가 묻어나지 않으면 불을 줄여 5분 정도 뜸을 들인다.

5. 뜸을 들인 3을 넓은 쟁반에 쏟아 시루밑을 벗겨낸다.

6. 쏟아 놓은 3을 다시 뒤집어 닦고 당졸임한 고구마 또는 색절편으로 장식한다.

*색절편은 멥쌀가루 1컵을 쪄낸 후 분홍색과 초록색의 물을 들이고 밀대로 밀어 꽃과 꽃잎을 만든다.

Tip

• 개성에 따라 다양한 정과나 떡절편 장식을 올린다.

1. 멥쌀가루에 찐 자색고구마 으깨어 섞기

2. 자색고구마 떡가루 체에 내리기

3. 자색고구마 떡가루 안치기

4. 자색고구마 떡가루 편편하게 고르기

5. 자색고구마떡케익 찌기

커피떡케익 [2102010302_13v, 떡제조, 능력단위(수준) : 켜떡류(3)]

쌀가루에 인스턴트커피를 섞은 후 우유를 넣고 반죽하여 커피빈이나 아몬드강정을 올려 장식한 것으로 커피와 어울리는 정감있는 떡케익이다.

재료

멥쌀가루 8컵(800g), 소금 2작은술, 우유 8큰술, 커피 농축액 1큰술, 설탕 5큰술, 다진 아몬드 1/2컵, 커피빈 6알
[아몬드강정] 통아몬드 60g, 물 1컵, 설탕 30g, 소금 약간, 꿀 1큰술

1. 멥쌀가루에 커피액 섞기

만드는 법

1. 통아몬드는 끓는 물에 10분 정도 담가둔 다음 물 1컵과 설탕, 소금을 넣어 조리다가 꿀을 넣어 윤기 나게 조린다.

2. 우유에 인스턴트커피를 넣어 중탕해서 섞어 커피액을 만든다.

3. 소금(1큰술)을 넣고 빻은 멥쌀가루에 2의 커피액을 넣어 중간체에 2번 내린 다음 설탕과 다진 아몬드를 고루 섞는다.

4. 찜통에 시루밑을 깔고 3의 반죽을 안친 후 윗면을 평평하게 정리한다.

5. 4를 김 오른 물솥에 올린 뒤 쌀가루 위로 김이 고루 오르면 뚜껑을 덮어 20분 정도 찌고 불을 줄여 5분간 뜸들인다.

6. 떡이 한 김 식으면 접시에 담고 커피빈이나 아몬드강정, 색꽃절편 등을 올려 장식한다.

2. 커피떡가루 고루 비비기

3. 커피떡가루 체에 내리기

4. 커피떡가루 안쳐 고르기

5. 장식하기

Tip

- 기호에 따라 아몬드 대신 호두 등의 강정을 사용해도 좋다.
- 통아몬드를 굵직하게 다지거나 아몬드 슬라이스를 사용해도 좋다.

서리태찰편 [2102010302_13v, 떡제조, 능력단위(수준) : 켜떡류(3)]

달달하게 조린 서리태와 흑설탕을 위에 뿌린 찰편으로 콩을 기피하는 아이들도 좋아하며 영양학적으로도 손색이 없는 일명 꿀콩떡이다.

재료

① 찹쌀가루 1kg, 물 1큰술, 황설탕 1컵, 불린 서리태 1kg, 흑설탕 1/2컵, 소금 1큰술

② 콩찰편 떡제조기능사 검정용: 찹쌀 5컵(찹쌀가루 10컵=1kg), 소금 1큰술, 설탕 1컵, 불린 서리태 1kg, 설탕 1/2컵, 소금 1/2큰술

만드는 법

1. 찹쌀가루에 물로 수분을 주어 체에 내린다.
2. 1의 찹쌀가루에 설탕을 넣어 고루 섞는다.
3. 검정콩은 씻어 5시간 이상 충분히 불린 다음 10~15분 정도 삶아 익힌다.
4. 3의 콩에 흑설탕 1/2컵, 소금 1큰술, 물 1큰술을 넣어 물기가 없어질 때까지 조린다.
5. 조린 콩을 넓은 그릇에 펴서 식힌다.
6. 찜통에 시루밑을 깔고 조린 콩 반 분량을 깔고 찹쌀가루를 얹은 다음 위에 남은 조린 콩을 올려펴 고루 펴준다.
7. 가루 위로 골고루 김이 오른 후 30분 정도 찐다.
8. 떡이 다 익으면 쏟아서 뜨거울 때 조청이나 황설탕을 뿌려 주기도 한다.

Tip

• 콩을 불려 조리면 약 2배 정도 불어난다.

통녹두찰편 [2102010302_13v, 떡제조, 능력단위(수준) : 켜떡류(3)]

찹쌀가루에 거피한 햇녹두소를 생으로 켜켜로 얹어서 찐 찰편으로 공이 많이 들므로 옛부터 반가에서 아주 귀한 고급떡으로 여겨져 왔다.
통녹두고물은 녹두알이 샛노랗고 진주알 같다고 해서 일명 진주고물이라고도 한다.

재료

① 찹쌀가루 600g(6컵), 물 1큰술, 설탕 6큰술, 통녹두고물 4컵(거피녹두 2컵, 소금 1.5작은술)
② 녹두찰편 떡제조기능사 검정용: 찹쌀가루 2kg, 소금 2큰술, 물 4큰술, 설탕 200g
[녹두고물] 거피녹두 4컵, 소금 1큰술

만드는 법

1. 찹쌀가루에 소금과 물로 수분을 주어 비벼서 체에 내린 후 설탕을 재빨리 고루 섞는다.
2. 거피녹두는 물에 충분히 불려 씻어 물을 갈아가며 떠오르는 껍질을 벗겨내고 물기를 뺀 후 소금 간한다.

   *녹두고물은 충분히 불려 껍질 벗긴 통녹두를 40분 정도 푹 쪄서 스텐볼에 쏟아 뜨거운 김을 날리고 소금을 첨가한 후 방망이로 찧어 굵은 체(어레미)에 내려 고물을 만든다.
3. 찜통에 시루밑이나 젖은 베보자기를 깔고 통녹두를 펴 안치고 찹쌀가루를 뿌려 얹은 후 다시 통녹두고물 순서로 안쳐 찐다.
4. 떡가루 위로 골고루 김이 오르면 뚜껑을 덮어 25분 정도 찐다.
5. 큰 쟁반에 떡을 엎어 쏟은 후 다시 한번 뒤집는다.

Tip

- 껍질을 타갠 거피녹두는 물에 충분히 담구어 불려야 껍질이 쉽게 벗겨지고 고물이 깔끔하다.

깨찰편 [2102010302_13v, 떡제조, 능력단위(수준) : 켜떡류(3)]

떡 사이에 검정깨가루가 끼어 있다고 '깨끼떡'이라 부르기도 한다. 깨고물로 쓰던 것을 콩고물로 많이 사용하고 있다. 찹쌀가루에 흑임자가루와 흰깨가루를 넣고 돌돌 말아 만들기도 하는데 맛과 모양이 뛰어나다.

재료 찹쌀가루 600g(6컵), 소금 1작은술, 물 3~4큰술, 설탕 6큰술, 볶은 콩고물 3컵(300g), 소금 1/2작은술, 검정깨고물 1컵

만드는 법

1. 찹쌀(400g)은 6시간 이상 충분히 불려 물기를 뺀 다음 가루로 1번만 빻는다.

2. 흰콩은 불려 껍질을 벗긴 후 타지 않게 볶아 소금간을 하여 분쇄기에 굵게 간 다음 체에 내려 설탕 1큰술을 넣고 고루 잘 섞는다.

3. 흑임자는 씻어 일어 타지 않게 볶아 소금간을 하여 분쇄기에 곱게 간다.

4. 1의 쌀가루에 소금과 물로 수분을 주어 중간체에 내려 설탕을 재빨리 골고루 섞은 후 2등분한다.

5. 찜기에 시루밑을 깔고 콩고물을 골고루 펴 안치고 찹쌀가루 절반 분량을 고르게 편다.

6. 검정깨고물을 빻아 체로 쳐서 5위에 뿌린 후 나머지 쌀가루, 콩고물의 순서로 안친다.

7. 떡가루 위로 골고루 김이 오르면 뚜껑을 덮어 20분 정도 찐 후 큰 쟁반에 떡을 엎어 쏟은 후 다시 한번 뒤집는다.

1. 찹쌀가루에 물 주기

2. 찹쌀가루 체에 내리기

3. 흑임자가루 뿌리기

4. 콩고물로 덮기

Tip

- 물기없이 볶은 고물을 쓰기 때문에 잘 쉬지 않지만 수분이 부족해 빨리 굳는 단점이 있다.
- 찰떡은 반드시 식혀 굳힌 다음에 썰어야 늘어지지 않고 모양도 예쁘다.

떡

치는떡은 곡물을 탈각해서 곡립 상태나 가루 상태로 만들어서
시루에 찐 다음, 절구나 안반 등에 놓고 친 것으로
인절미류, 절편류, 단자류, 가래떡류, 개피떡류 등으로 나눌 수 있다.
치는떡은 주재료에 따라 찹쌀도병과 멥쌀도병으로 구분하는데
찹쌀도병의 대표적인 떡으로는 인절미류를 들수 있다.
표면에 묻히는 고물의 종류에 따라 이를
콩인절미, 팥인절미, 깨인절미 등으로 부른다.
또한 찐 찹쌀을 안반에 놓고 칠 때 섞는 부재료에 따라
쑥인절미, 수리취인절미 등으로 불리어진다.
단자류는 찹쌀가루에 물을 주어 찌거나, 익반죽을 하여
반대기를 만들어 끓는 물에 삶거나, 쪄서 꽈리가
일도록 친 후 적당한 크기로 빚거나 썰어서 고물을 묻힌 떡이다.
떡에 들어가는 재료에 따라 석이단자 · 쑥단자 · 각색단자
도행단자 · 유자단자 · 토란단자 · 밤단자 · 건시단자 등으로 불린다.

치는떡

연안인절미 • 절편 · 꽃절편 • 여주산병 • 쑥갠떡 • 개피떡 • 삼떡 •
가래떡 • 석이 · 유자단자 • 대추 · 은행단자 • 떡공예

연안인절미

[2102010309_13v, 떡제조, 능력단위(수준) : 인절미(3)]

충분히 불린 찹쌀을 찰밥처럼 쪄서 안반이나 절구에 담고, 떡메나 공이로 쳐서 두껍고 큼직하게 모양을 만든 뒤 각색 고물을 묻힌 떡이다. 별칭을 '혼인인절미'라고 하는 만큼 혼인 때 많이 만들어 먹는다는 데서 유래된 이름의 떡이다. 특히 연안(延安)지방에서 생산되는 기름지고 차진 찹쌀로 만든 인절미는 차지면서도 쫄깃한 맛의 독특한 풍미로 인절미 중 으뜸으로 여긴다. 우리 풍속에 혼례 때 인절미를 상에 놓는 것이나, 사돈댁에 인절미를 이바지로 보내는 풍습은, 찰기가 강한 찹쌀처럼 부부의 정과 시댁 식구와의 사이가 끈끈하게 잘 유지되길 기원하는 상징적 의미를 갖고 있다.

재료

① 찹쌀 1.6kg(소두 2되), 소금 2큰술, 소금물 1컵

[고물] 노란콩가루 3컵, 소금 1/2작은술, 청태가루 3컵, 팥앙금가루 3컵, 거피팥고물 3컵, 설탕 3큰술, 흑임자가루 3컵, 소금 1$\frac{1}{2}$작은술, 설탕 1컵

② 인절미 떡제조기능사 검정용: 찹쌀가루 2kg, 소금 2큰술,

[고물] 노란콩가루 1컵, 소금 1/8 작은술, 설탕 1큰술, 파란콩가루 1컵, 소금 1/8작은술, 설탕 1큰술

만드는 법

1. 찹쌀에 소금간하기
2. 불린 찹쌀 찌기

1. 찹쌀은 깨끗이 씻어 일어서 물에 6시간 이상 불렸다가 건진 다음 김이 오른 찜통에 안쳐서 1시간 정도 심까지 무르게 찐다. 도중에 주걱으로 소금물을 뿌려 위아래를 고루 섞어 준다.
   *찹쌀가루에 소금을 넣고 물로 수분을 준 다음 골고루 섞은 후 찜에 젖은 면보를 깔고 찹쌀가루를 듬성듬성 안친 다음 김이 오른 후 20-25분 후 찌기도 한다.

2. 절구나 안반에 찐 찰밥이나 찰떡을 쏟아서 절구공이나 떡메에 소금물을 잘 적셔가며 밥알이 뭉개지도록 골고루 친다.

3. 쪄낸 찰밥 쏟아 치기
4. 거피팥 찜통에 찌기

3. 고물로 쓸 노란콩가루와 파란콩가루는 미리 콩을 씻어서 볶아 맷돌에 반으로 타서 껍질을 없앤 다음 절구에 소금을 넣고 곱게 빻아 설탕을 넣어 고운 체에 내린다.

4. 붉은팥은 충분히 삶은 후에 체에 내려 고운 앙금 상태에서 볶아 가루를 만든 후 소금, 설탕 간을 한다.

5. 찐 거피팥 어레미에 내리기
6. 삶은 팥 체에 내리기

5. 거피팥은 5시간 정도 불려 껍질을 깨끗이 없애고 찜통에 찐 후 어레미에 내려 소금, 설탕 간을 한다.

6. 흑임자는 깨끗이 거피하여 타지 않게 볶은 후 분마기에 넣고 가루를 내어 소금 간을 한다.

7. 팥앙금 짜기
8. 팥앙금가루 볶기

Tip

- 떡메치기를 많이 할 수록 떡이 차지고 몸이 고우며 더 쫄깃하다.
- 콩고물 만들 때는 콩을 볶아서 껍질을 벗겨낸 후 가루를 내야 더 고소하다.
- 찹쌀가루에 쑥, 대추, 수리취를 넣으면 인절미의 색과 맛의 변화를 즐길 수 있다.

절편 · 꽃절편

[2102010307_13v, 떡제조, 능력단위(수준) : 절편(3)]

절편에 색색의 반죽으로 꽃처럼 수를 놓아 만든 것으로 주로 편의 웃기떡으로 쓰인다. 절편은 멥쌀가루를 푹 찐 다음 안반에 놓고 매우 쳐서 가래떡처럼 비빈 다음 여러 가지 무늬의 떡살로 찍어낸 것으로 무늬의 크기대로 잘라내기 때문에 절편이라고 한다. 여러 가지 색으로 물을 들이거나 섞는 재료에 따라 쑥절편, 수리취절편, 모시잎절편, 송기절편 등으로 달리 불리어 진다. 혼인 때 큰상 고임에 많이 쓰이며 갖가지의 아름다운 모양과 더불어 맛이 담백하고 깔끔하여 오래 두고 먹어도 물리지 않는 떡이다.

재료 멥쌀 400g(소두 1/2되, 멥쌀가루 6컵, 600g), 소금 1작은술, 물 1/2컵, 쑥가루 20g, 치자 우린 물 각 2큰술, 백년초물(백년초가루를 3배의 물에 갬) 2큰술, 참기름 3큰술

만드는 법

1. 멥쌀은 깨끗이 씻어 6시간 정도 불렸다가 소쿠리에 건져서 소금을 넣고 빻아 2번 체에 내려서 고운 가루를 만든다.

2. 멥쌀가루의 반을 뭉쳐지지 않을 정도로 물을 훌훌 뿌려 버물버물 하여 젖은 베보자기를 깔고 찜통이나 시루에서 김이 오른 후 20분 정도 찐 뒤, 절구공이에 소금물을 잘 묻혀가며 멍울이 없고 표면이 매끈해질 때까지 친다.

3. 나머지 멥쌀가루는 4등분 하여 노란색은 치자 우린 물, 분홍색은 백년초 물로 물을 주어 쪄서 역시 절구에 찧는다.

4. 쑥을 손질하여 끓는 소금물에 살짝 데쳐 헹군 후 물기를 빼고 곱게 다져서 쪄낸 멥쌀가루와 함께 섞어 절구에 넣고 곱게 찧는다.

5. 찧어진 떡반죽을 안반에 놓고 손에 참기름을 발라가며 양손으로 가래떡처럼 밀고, 손을 세워 아래 위로 움직이면서 4~5cm 정도 길이로 꼬리가 달리게 끊어 골무떡을 만든 다음 그 위에 잘게 동그랗게 빚은 색색의 떡반죽을 얹고 떡살로 무늬 내어 꽃절편을 만든다.

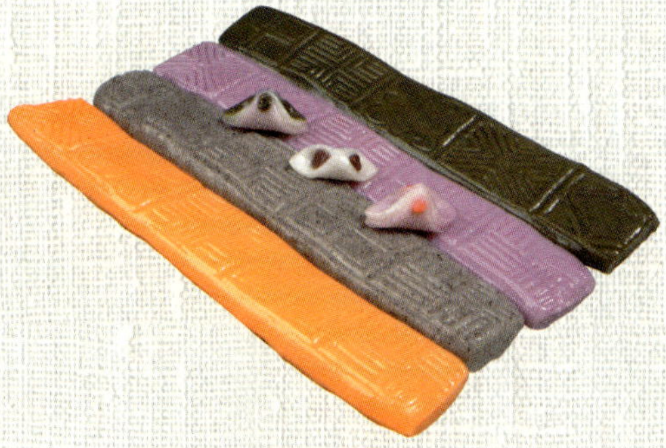

1. 멥쌀에 소금간하기
2. 멥쌀가루 체에 내리기

3. 물 뿌린 멥쌀가루 찜통에 찌기
4. 쪄낸 떡반죽 치기

5. 가래떡으로 골무떡 만들기

6. 색반죽 얹고 떡쌀로 눌러 문양 내기

Tip

- 혼인절편은 골무떡으로 자르지 않고 가래떡처럼 둥글게 빚어, 떡살로 눌러 길게 찍어내어 참기름을 바른다.
- 참기름과 식용유, 약간의 소금을 넣어 절편에 바르면 색이 깨끗하다.
- 절편용의 찐 떡은 뜸을 들이지 말고 바로 쏟아서 쳐야 부드럽고 맛이 좋다.

여주산병 [2102010307_13v, 떡제조, 능력단위(수준) : 절편(3)]

멥쌀가루를 쪄서 안반에 친 다음 밀대로 얇게 밀어서 팥소를 넣고 덮은 후 큰 보시기와 작은 보시기로 개피떡처럼 각각 찍어 낸 다음, 큰 떡 안에 작은 떡을 붙여 넣고, 네 끝을 모두 붙인 특이한 떡이다. 예로부터 경기도 여주지방은 비옥하고 넓은 곡창지대에 좋은 기후, 맑은 물 덕분으로 품질 좋은 쌀이 생산되었다. 따라서 여주지방에서는 특미를 이용하여 화려하고 맛있는 여러 가지 떡들을 만들어 즐겨 왔는데 큰 잔치 때면 반드시 이 산병을 만들어 편의 웃기로 올렸다고 한다.

재료

멥쌀가루 1kg, 소금 1큰술, 물 2컵 **[장식절편]** 백년초가루 · 쑥가루 · 치자가루 **[소]** 거피팥고물 400g(소금 1/2작은술, 설탕 3큰술, 꿀 2큰술), 호두분태(다진 견과류) 1/2컵

만드는 법

1. 멥쌀가루에 소금과 물을 넣어 버무려 김 오른 찜기에 20분 정도 찐 다음 잘 치대어 흰색 절편을 만든다.
2. 장식절편 : ①의 절편을 소량 떼어 각각의 색을 넣어 잘 치대어 색이 잘 섞이도록 치대어 준다.
3. 소의 재료를 고루 섞어 적당한 크기로 떼어 2cm 크기의 타원형의 소를 만든다.
4. 흰색절편을 밀대로 얇게 밀어서 소를 넣고 접어서 바람떡 틀로 반달모양으로 찍는다(큰 반달과 1/3크기의 작은 반달모양의 떡을 만든다).
5. 작은 떡을 먼저 오므려 붙여주고 큰 떡으로 작은 떡을 싸안듯이 구부려 네 끝을 한데 모아 붙인다(삼색 띠를 둘러 주거나 작은 장미, 매화꽃으로 장식).

Tip

• 떡을 반달 모양으로 찍어낼 때 보시기, 종지, 모양틀을 사용하면 편리하다.

쑥갠떡 [2102010307_13v, 떡제조, 능력단위(수준) : 절편(3)]

쑥갠떡은 삶은 쑥을 넣고 빻은 멥쌀가루를 익반죽하여 쪄낸 후 참기름을 바른 것으로 쫄깃한 맛과 아울러 그윽한 쑥향으로 봄의 향취를 흠뻑 맛볼 수 있는 떡이다. 가뭄이나 전란, 내란이 끊임 없었던 우리의 역사 속에서 쑥은 기근과 절량(節良)의 고비를 넘기는 데 매우 중요한 몫을 차지하였다. 이처럼 쑥은 구황식이기도 했으나 복통, 토사, 자궁출혈, 코피 등의 지혈제로 민간요법에서 널리 이용되어 왔다.

재료

멥쌀 400g(소두 1/2되, 멥쌀가루 6컵(600g), 물(시럽) 2/3컵, 소금 1작은술, 삶은 쑥 100g(쑥가루 20g), 참기름 3큰술

만드는 법

1. 멥쌀은 깨끗이 씻어 6시간 정도 불린 후 물기를 뺀다.
2. 쑥은 줄기를 떼내고 잎만 끓는 물에 소금을 넣고 데쳐서 물기를 꼭 짠다.
3. 멥쌀과 쑥을 한데 섞어 소금간을 하여 빻아 가루로 만든 다음 뜨거운 물(시럽)으로 익반죽하여 오래 치대어 수제비 반죽 정도로 되지 않게 반죽한다.
4. 떡 덩이를 떼 내어 떡살로 누르거나 모양틀에 넣고 눌러서 무늬를 내고 참기름을 바른다.
5. 모양 낸 떡 반죽을 김 오른 찜통에 올려 20분간 찌고 약 불로 줄여 5분간 뜸을 들인 후 참기름을 발라 낸다.

Tip

- 삶은 쑥 대신 시판되는 쑥가루를 이용해도 좋으나 씹히는 맛은 삶은 쑥보다 덜하다.

개피떡 [2102010308_13v, 떡제조, 능력단위(수준) : 개피떡류(3)]

쌀가루를 쪄낸 흰떡이나 쑥가루를 첨가한 쑥떡을 얇게 밀어 소를 넣고 접어 작은 그릇으로 떠 내어 만든 것이다. 이때 바람이 들어가므로 바람떡이라고 하며, 색동바람떡은 여러 가지 색재료를 넣어 만든 색절편을 이용하여 만든 것이다.

재료

멥쌀가루 6컵(600g), 소금 1작은술, 물 1컵

[색절편] 백년초가루 · 쑥가루 · 치자가루 소량씩

[소] 팥앙금 200g, 호두분태 1/2컵

만드는 법

1. 멥쌀가루에 소금과 물을 넣어 버무려 김 오른 찜기에 듬성듬성 올린 후 20분 정도 찐 다음 잘 치대어 흰색 절편을 만든다.
2. 색절편 : 1의 1/5 정도를 떼어 각각의 색재료들을 넣어 색이 고루 섞이도록 치대어 준다.
3. 팥앙금에 호두분태를 넣어 잘 섞은 후 3cm 크기로 떼어 타원형으로 소를 만든다.
4. 흰색 절편을 밀대로 밀어 길게 늘리고, 각각의 색절편을 길게 늘려서 흰색 절편 가운데 나란히 놓고 밀대로 밀어 납작하게 밀착시킨다.
5. 색반죽이 바닥쪽으로 향하게 놓고 소를 넣은 후 틀이나 컵으로 반달모양으로 찍은 다음 참기름을 발라서 접시에 담는다.

1. 개피떡 반죽하기

2. 개피떡틀로 성형하기

쌈떡 [2102010308_13v, 떡제조, 능력단위(수준) : 개피떡류(3)]

멥쌀가루를 쪄낸 흰떡이나 쑥가루를 첨가한 쑥떡을 얇게 밀어 소를 넣고 보자기 등의 모양으로 만든 것이다. 여러 가지 색재료를 넣어 만든 색절편을 이용하여 만든다.

재료

멥쌀가루 6컵(600g), 소금 1작은술, 물 1컵
[색절편] 백년초가루 · 쑥가루 · 치자가루 소량 씩
[소] 팥앙금 200g, 호두분태 1/2컵

만드는 법

1. 멥쌀가루에 소금과 물을 넣어 버무려 김 오른 찜기에 듬성듬성 올린 후 20분 정도 찐 다음 잘 치대어 흰색 절편을 만든다.
2. 색절편 : 1의 1/2 정도를 떼어 각각의 색재료들을 넣어 색이 고루 잘 섞이도록 치대어 준다.
3. 팥앙금에 호두 분태를 넣어 잘 섞은 후 떼어 2~3cm 크기의 원형과 타원형의 소를 만든다.
4. 흰색 절편과 색절편을 밀대로 밀어 길게 늘린다.
5. 흰색 절편과 색절편을 겹쳐 놓고 밀어서 8cm 정도의 정사각형으로 잘라서 타원형의 소를 넣고 한쪽만 서로 마주보게 붙이거나 네 귀퉁이를 모아 사각모양으로 싸주고 매화꽃절편으로 장식하여 쌈떡을 완성한다.

가래떡 [2102010306_13v, 떡제조, 능력단위(수준) : 가래떡(3)]

멥쌀가루를 쪄서 안반에 놓고 매우 쳐서 둥글고 길게 늘여 만든 것으로 모양이 길다고 하여 가래떡이라 부른다. 〈동국세시기, 1846〉에 "백탕(白湯) 또는 병탕(餠湯)이란 음식을 설날 아침에 반드시 먹었으며 손님이 오면 이것을 대접했다"고 기록되어 있다. 지금은 대부분의 가정에서 어슷하게 썰은 시판용 떡국을 끓여 먹으나 예전에는 한해의 무사안녕을 기원하여 태양처럼 가래떡을 동그랗게 썰어 만든 태양떡국을 먹었다. 개성지방에서는 고려 이전부터 허리가 잘록한 조롱박 모양의 조랭이떡국을 새해 아침에 먹었는데, 그 이유는 그것이 마치 엽전 꾸러미와 닮았기 때문으로 장삿술에 능했던 개성사람들이 새해에도 집안에 재물이 넘쳐나길 기원하는 의미가 담겨 있다.

재료

멥쌀 1.6Kg(소두 2되) 또는 멥쌀가루 2kg, 소금 3큰술, 물 2컵

만드는 법

1. 멥쌀은 씻어 일어 충분히 불린 다음 건져 물기를 빼서 빻아 고운 가루로 만든다.
2. 멥쌀가루에 소금물을 훌훌 뿌려 버물버물하여 찜통이나 시루에 안쳐 20분 정도 푹 찐다.
3. 쪄낸 떡을 안반이나 절구에 놓고 소금물을 묻혀가며 차지게 될 때까지 친다.
4. 쫄깃한 정도로 떡이 쳐졌으면, 손에 소금물을 조금씩 발라 가며 직경 3cm로 둥글고 길게 늘여 만든 다음 참기름을 약간 발라둔다.

* 떡볶이 떡은 직경 1cm 정도로 둥글게 길게 만들어 5-6cm 정도로 자른다.

Tip

• 가래떡은 오래 칠수록 쫄깃하고 맛이 좋다.

석이 · 유자단자 [2102010310_13v, 떡제조, 능력단위(수준) : 단자류(3)]

석이버섯가루와 다진 유자청건지를 찹쌀가루에 각각 섞어 찜통에 쪄낸 후 꽈리가 일도록 쳐서 한입 크기로 썰어 잣고물을 묻힌 떡이다. 인절미보다 크기가 작으며 주로 각색편의 웃기로 쓰인다.

재료

[석이단자] 찹쌀가루 5컵(500g), 소금 1작은술, 물 2큰술, 석이버섯가루 1큰술, 꿀 1.5큰술, 잣가루 1컵

[유자단자] 찹쌀가루 5컵(500g), 소금 1작은술, 유자청 1큰술, 유자청건지 1큰술, 꿀 1.5큰술, 잣가루 1컵

만드는 법

1. 석이버섯은 뜨거운 물에 담가 배꼽과 안쪽의 이끼를 제거하고 손바닥으로 비벼 깨끗이 씻은 다음 물기를 제거하고 햇볕에 말렸다가 가루로 만든다. 설탕에 재운 유자청건지는 곱게 다진다.
2. 찹쌀가루를 반으로 나누어 하나는 석이버섯가루를, 나머지 반은 유자청을 섞어 고루 비빈 후 체에 내려 물로 버물버물 반죽하여 젖은 베보자기를 깔고 찹쌀가루가 투명해지도록 찜통에 20분 정도 찐다.
3. 2의 익힌 각각의 떡반죽을 절구에 쏟아 꽈리가 일도록 친다. 유자단자용 반죽에는 다진 유자청건지를 넣어서 친다.
4. 잣은 고깔을 떼고 도마에 종이를 깔고 곱게 다진다.
5. 안반이나 도마에 꿀을 바르고 떡을 쏟아 1cm 두께로 편편하게 편 다음 길이 3cm, 폭 2.5cm로 썰어 4의 잣가루를 고루 묻혀 접시에 담는다.

Tip

- 찹쌀가루는 익으면 뜸을 들이지 말고 뜨거울 때 바로 쏟아 꽈리가 일도록 친다.

대추·은행단자

[2102010310_13v, 떡제조, 능력단위(수준) : 단자류(3)]

찹쌀가루에 다진 대추와 갈은 은행을 각각 섞어 찜통에 쪄낸 후 꽈리가 일도록 쳐서 한입 크기로 썰어 대추단자는 밤채, 대추채, 석이채고물을, 은행단자는 잣가루고물을 각각 묻혀 내는 것이다. 은행단자는 궁중떡으로 〈조선요리, 1940〉에, 대추단자는 〈음식법, 1854〉의 '대조편'에 처음으로 소개되고 있다. 단자는 찹쌀가루에 섞는 재료에 따라 쑥구리단자, 은행단자, 석이단자, 밤단자, 대추단자, 승검초단자, 유자단자, 꿀단자, 팥단자, 토란단자, 건시단자, 마단자, 국엽단자, 복숭아단자, 율무단자, 귤병단자, 꿀단자 등의 이름으로 불린다. 집안의 행사나 계절마다 그 종류가 달라지는 단자는 1년 내내 즐겨 먹는 고급떡이다.

재료 찹쌀 400g(소두 1/2되, 찹쌀가루 6컵, 600g), 소금 1작은술, 물 2큰술, 대추 8개, 은행 1/2컵
[고물] 대추 15개, 밤 15개, 석이버섯 10g, 잣가루 1컵
[대추소] 대추 20개, 유자청건지 4큰술, 계핏가루 1/4작은술, 꿀 3큰술

만드는 법

1. 찹쌀은 깨끗이 씻어 일어서 물에 6시간 정도 담갔다가 건진 다음, 가루로 빻아 소금과 물을 넣어 수분을 주어 비빈 후 체에 내린다.

2. 찹쌀가루를 둘로 나누어 은행 간 것과 대추 다진 것을 각각 섞어 준 다음 찜통에 젖은 보자기를 깔고 쪄낸 후 각각 절구에 쏟아 꽈리가 일도록 친다.

3. 대추는 돌려깍기를 하여 곱게 채 썰고 밤, 석이버섯도 손질하여 곱게 채 썬 후 찜통에 잠깐 쪄서 펼쳐 식혀 고물을 준비한다.

4. 다진 대추, 유자청건지, 계핏가루를 섞어 지름 1cm의 막대모양의 대추단자용 소를 만든다.

5. 은행단자는 도마 위에 꿀을 고루 바르고 떡반죽을 쏟아 1cm 두께로 반대기를 지은 다음 길이 3cm, 폭 2.5cm로 썰어 잣가루를 묻혀 낸다.

6. 대추단자는 1cm 두께의 넓게 편 떡반죽에 대추소를 넣고 말아 꿀을 바르면서 길게 늘여 새알모양으로 끊어 밤채, 대추채, 석이버섯채 고물을 묻혀 낸다.

1. 소금간한 찹쌀 빻아 체에 내리기

2. 프라이팬에 은행 볶기
3. 대추소 만들기

4. 쪄낸 찰떡을 꽈리가 일도록 각각 치기

5. 잣가루 고물 묻히기
6. 밤, 대추, 석이버섯 고물 묻히기

Tip

- 은행은 겉껍질을 까서 기름 두른 팬에 볶거나 끓는 물에 잠시 넣었다가 건져 속껍질을 벗겨 분마기에 갈아 찹쌀가루와 함께 섞는다.
- 삶은 은행을 그대로 분쇄기에 갈면 은행가루가 뭉치기 쉬우므로 냉동실에 살짝 얼렸다가 갈면 훨씬 쉽게 갈릴 뿐아니라 보슬보슬한 가루를 얻을 수 있다.

떡공예 [2102010319_13v, 떡제조, 능력단위(수준) : 떡공예(4)]

쪄낸 떡가루에 색색의 재료를 섞어 고루 잘 치댄 후에 여러 가지 모양으로 만들어 주로 떡케익의 장식용이나 떡의 웃기로 쓴다.

재료 멥쌀가루 5컵, 물 1컵 **[색재료]** 백년초가루 · (단호박)가루 · 쑥가루 · 황치즈가루 · 코코아 가루 등

만드는 법

1. 멥쌀가루에 물을 넣고 비벼준다.
2. 찜기에 1의 가루를 듬성듬성 올린다.
3. 김이 오른 물 솥에 올려 20분간 쪄준다.
4. 다 쪄진 떡을 원하는 천연 색소를 넣어 장갑 낀 손으로 색이 고루 퍼지도록 잘 치대준다.

● 개나리 절편

1. 단호박 절편을 밀대로 밀어 바람개비 모양 틀로 2번 찍어준다.
2. 서로 겹치지 않도록 붙여준다.
3. 쑥 절편도 동일한 방법으로 찍어서 붙인 후 마지팬으로 수술 모양을 찍어준다.

● 매화 절편

1. 백년초 절편을 얇게 밀대로 밀어준다.
2. 매화모양틀로 찍어준다.
3. 꽃잎의 중간부분을 가윗밥을 주고 꽃잎을 돌려가며 조금씩 겹쳐준다.
4. 다른색 절편을 동글게 만든 후 수술로 붙여준다.

● 장미 절편

1. 백년초 절편을 밀대로 밀어 원형틀로 3장씩 찍어준다.
2. 3장의 절편을 1/3씩 겹쳐서 돌돌 말아준다.
3. 말은 절편 가운데를 스크래퍼로 톱질하듯 잘라준다.
4. 2개의 장미를 손으로 잎을 매만져 마무리 한다.

● 카네이션 절편

1. 백년초 절편을 밀대로 얇게 밀어 준다.
2. 카네이션 커터로 여러 번 찍어준다.
3. 찍은 꽃의 가운데를 접어서 여러개의 꽃을 겹쳐준다.

● 카라꽃 절편

1. 치자 절편을 손으로 길게 만져 막대 모양의 꽃술을 만든다.
2. 흰색 절편을 밀대로 밀어 꽃잎 모양을 잘라준다.
3. 꽃잎 밑 부분에 꽃술을 올려 말아준다.

떡

지지는떡은 찹쌀가루를 익반죽하여 모양을 만들어 기름에 지진떡으로 화전류 · 주악류 · 부꾸미류, 산승류, 전병류 등이 있다.

화전(花煎)류는 봄에는 진달래전(두견화전) · 배꽃전, 초여름에는 장미꽃전, 가을에는 국화꽃전 · 맨드라미꽃전 등이 있다.

주악류는 찹쌀을 익반죽하여 깨, 곶감, 유자청건지 등으로 만든 소를 넣고, 조약돌 모양처럼 빚어 기름에 튀긴 떡으로, 승검초주악 · 은행주악 · 대추주악 · 석이주악 등이 있다.

부꾸미류는 찹쌀 · 차전병 등을 물에 불렸다가 갈아서 익반죽하여 빚어 지진 뒤, 소를 넣고 반달처럼 접은 떡으로 찹쌀부꾸미 · 찰수수부꾸미 · 결명자부꾸미 등이 있다.

산승류는 찹쌀가루에 꿀을 넣고 익반죽한 뒤 세뿔 모양으로 빚어 기름에 지진 떡으로 《음식디미방》, 《시의전서》 등에 그 만드는 법이 기록되어 있으며 주로 웃기떡으로 쓰인다.

전병류는 꽃전, 주악류, 부꾸미, 산승류 이외에도 기름에 지지는 떡을 총칭하는데 토란병, 서여향병, 메밀총떡, 빙떡, 섭산삼병, 빙자병 등이 있으며 《도문대작》에서는 자병(煮餠)으로 기록되어 있다.

지지는떡

오색주악 • 섭산삼병 • 우메기 • 찰·수수부꾸미 • 서여향병 • 빙자병 • 놋티떡 •

진달래화전 • 국화·장미화전 • 찹쌀호떡 • 단호박찰떡구이 • 삼색산승 • 오븐찰떡구이

오색주악 [2102010313_13v, 떡제조, 능력단위(수준) : 주악(3)]

기름에 지지는 떡의 하나로 궁중에서는 '조악(造岳)', 반가와 민가에서는 '주악'이라 불렀다. 주악은 〈수문사설, 1740〉에 조악전(造惡煎)이라는 이름으로 처음 기록되었으며, 〈규합총서, 1815〉, 〈임원십육지, 1827〉에 만드는 법이 상세하게 설명되어 있다. 한편 〈아언각비〉에서는 "조악은 각첨의 가짜라 하여 조각(造角)이라 하며 角의 음이 岳이 되어 조악(造岳)이 되었고 지금의 주악이 되었다."고 되어 있다. 찹쌀가루에 대추, 깨, 유자 다진 것을 소로 넣고 반죽하여 작은 송편 모양으로 빚어 기름에 튀겨 내어 꿀에 즙청한다. 모양은 물론 앙증맞은 색과 뛰어난 맛 때문에 주로 편의 웃기로 사용된다.

재료 찹쌀가루 6컵(600g), 소금 1작은술, 끓는물 2/3컵, 치자 2쪽, 파랫가루 20g, 백년초 30g, 코코아가루 1큰술

[대추소] 계핏가루 1/8작은술, 대추 8개, 꿀 1큰술

[깨소] 깨소금 1/3컵, 꿀 1큰술, 소금 1/2작은술

[즙청꿀] 조청 2컵, 계핏가루 1/2작은술, 꿀 · 물 각 1/2컵, 식용유 적당량

만드는 법

1. 찹쌀가루는 소금을 넣고 비벼서 체에 내린 후 5등분하여 흰색 · 치자 우린물 · 파랫가루 · 백년초 우린물 · 코코아물 등 다섯가지 색으로 익반죽을 한다.

2. 참깨, 꿀, 소금, 계핏가루를 섞어 깨소를 만들고, 대추를 돌려깎기 하여 다진 후 꿀과 계핏가루를 넣어 대추소를 만든다.

3. 찹쌀 반죽은 새알 크기로 조금씩 떼어 둥글게 빚어 가운데에 준비한 소를 넣고, 끝을 오무려 작은 송편 모양으로 빚는다.

4. 튀김용 팬에 기름을 붓고 150~160℃가 되면 곱게 빚은 주악을 넣고 지져 뜨거울 때 바로 꿀과 계핏가루를 넣은 즙청꿀에 재었다가 그릇에 담아낸다.

1. 찹쌀가루 익반죽하기
2. 색색의 반죽에 소 넣기

3. 소 넣어 오무려 빚기

4. 기름에 지져 내기

Tip

- 주악은 기름에 지지면 색이 더욱 진해지므로 반죽할 때 색을 옅게 맞춘다.
- 주악 반죽 여러 개를 함께 넣고 지지면 서로 붙으므로 몇개씩만 넣어 깨끗하게 튀기고, 깨끗한 흰색을 먼저 지지는 것이 좋다.
- 치자물 만들기 : 물 1/2컵에 치자 3개를 쪼개어 10분 정도 우려서 체망에 거른다.
- 찹쌀가루에 밀가루(20%)를 섞어 사용하기도 한다.

섭산삼병

껍질을 벗긴 더덕을 방망이로 자근자근 두드려 넓게 펴서 소금물에 쓴맛을 뺀 후, 찹쌀가루를 고루 묻혀 기름에 튀긴 일종의 후식류이다. 더덕의 쌉싸름한 맛과 향긋함이 어울려 입맛을 돋구기에 충분하다. 뿐만 아니라 더덕은 진해거담 작용 및 강장 효능이 있기 때문에 현대인들의 건강 기능성 식품으로도 많이 이용되고 있다. 더덕전병은 섭산산병의 요즘말이지만, 〈음식디미방, 1670〉, 〈수문사설, 1740〉, 〈임원십육지, 1827〉 등의 옛 문헌에는 삼병, 섭산삼병, 사삼병, 각색산삼, 산삼병, 감태산삼, 연산삼, 산삼 등으로 기록되어 있다.

재료

더덕 1kg, 소금 2큰술, 찹쌀가루 3컵, 설탕(꿀) 1컵, 튀김기름 4컵

만드는 법

1. 더덕은 돌려가며 껍질을 벗겨서 두꺼운 것은 편으로 포를 뜨고, 가는 것은 복판에 칼금을 넣어 소금물에 잠시 담구었다가 물기를 제거한 후 방망이로 자근자근 두드려 넓게 편다.
2. 물기를 없앤 더덕에 찹쌀가루를 고루 묻히고 손바닥으로 눌러 준다.
3. 튀김팬에 기름을 붓고 불을 올려 160℃의 기름에 노릇노릇하게 2번 튀겨낸 후 기름을 빼고 설탕을 뿌린다.

Tip

- 껍질을 벗길 때에는 더덕을 살짝 구워 동글리면서 칼로 긁으면 손가락에 진이 묻지 않고 껍질이 터지면서 잘 벗겨진다.
- 찹쌀가루 묻힌 더덕을 한 번만 지지면 눅진눅진해지므로 두 번 튀기거나 찹쌀가루 묻힌 더덕을 미리 냉동시켰다가 튀기면 한 번만 튀겨도 된다.

우메기 [2102010313_13v, 떡제조, 능력단위(수준) : 주악(3)]

찹쌀가루와 밀가루에 막걸리로 되직하게 반죽하여 빚어서 기름에 지져낸 떡으로 주로 개성지방에서 많이 해 먹는다고 하여 개성주악이라 불린다. 개성지방에서는 약과, 모약과 등과 함께 귀한 손님이 왔을 때나 폐백, 이바지 음식 용으로 많이 쓰인다.

재료

찹쌀가루 300g, 밀가루 1/2컵, 생막걸리 2/3컵, 소금 1/2작은술, 설탕 1큰술, 뜨거운 물 6큰술, 식용유 적량

[즙청시럽] 조청 2컵, 물 1/2컵, 생강 20g

[고명] 대추 5개

만드는 법

1. 찹쌀가루에 소금을 넣고 체에 내리고 밀가루를 잘 섞은 후 다시 한 번 체에 내린 다음 설탕을 섞는다.
2. 생막걸리를 1의 떡가루에 넣어 버물버물 섞은 후 뜨거운 물을 부어 가며 익반죽을 하여 오래 치댄다.
3. 조청에 물과 생강을 편으로 썰어 넣고 거품이 날 때까지 끓여 식힌다.
4. 찹쌀 반죽을 직경 3cm, 두께 1cm로 동그랗게 빚어 가운데를 손으로 눌러 모양을 만든 다음 기름을 바른 쟁반에 놓는다.
6. 튀김용 팬에 기름을 붓고 150℃에서 빚어 놓은 반죽을 서로 붙지 않게 하나씩 넣어 노릇하게 튀겨 기름을 뺀다.
7. 튀긴 주악을 즙청시럽에 넣어 즙청한 뒤 썬 대추 조각을 하나씩 중앙에 고명으로 박는다.

Tip

- 우메기는 튀기는 온도가 너무 높으면 껍질이 터져 버린다.
- 튀김 냄비에 반죽을 한꺼번에 많이 넣으면 서로 달라붙으므로 주의한다.

찰 · 수수부꾸미 [2102010312_13v, 떡제조, 능력단위(수준) : 부꾸미(3)]

찹쌀가루와 찰수수가루를 뜨거운 물로 익반죽하여 동글납작하게 빚어 여러 가지 소를 넣어 반달 모양으로 접어 기름에 지진떡이다. 부꾸미의 크기와 모양은 다양하며 그 중 웃지지는 부꾸미보다 작게 만들어 주로 편의 웃기떡으로 쓴다. 우찌지, 우찍이라고도 불리며 별(星辰)을 나타낸다.

재료

[찰부꾸미] 찹쌀가루 2컵(200g), 소금 1/3작은술, 끓는 물 4큰술

[수수부꾸미] 찰수수가루 2컵(400g), 소금 1/3작은술, 끓는 물 4큰술

[녹두소] 녹두고물 1.5컵, 설탕 3큰술, 소금 1/6작은술

[고명] 대추 3개, 국화잎(쑥갓) 적당량, 설탕 2큰술, 지지는 기름 적당량

만드는 법

1. 찹쌀가루와 차수수가루는 소금을 넣고 체에 내린 다음 끓는 물로 익반죽하여 오래 치댄 다음 직경이 6~7cm 정도가 되도록 동글납작하게 빚어 놓는다.
2. 대추는 돌려 깎아 씨를 뺀 뒤 곱게 말아 썰고 쑥갓은 깨끗이 씻어 잎을 뜯어 놓는다.
3. 프라이팬에 기름을 두르고 빚은 반죽을 놓고 한 면이 익으면 가운데에 녹두소를 넣고 반을 접어 가장자리를 꼭꼭 눌러 붙이면서 익힌다.
4. 떡이 익어서 투명해지면 다시 뒤집어 숟가락으로 눌러서 붙인 다음 접시에 담아 뜨거울 때 대추꽃과 국화잎으로 장식하고 부꾸미가 식기 전에 설탕을 조금 뿌린다.

Tip

- 지져낸 부꾸미가 식기 전에 설탕이나 꿀을 바른다.
- 녹두소 대신 거피팥고물소를 써도 좋다.

서여향병

마(山藥)를 썰어 쪄낸 다음 꿀에 담갔다가 찹쌀가루를 묻혀서 기름에 지져내어 잣가루를 입힌 것으로 바삭하면서도 쫄깃하고 고소한 맛이 일품이다. 빙허각 이씨의 저서인 〈규합총서(閨閤叢書), 1815〉에 처음으로 '서여향병'이란 떡이름과 그 제법이 기록되어 있는 것으로 미루어 보아 이 떡은 조선시대 후기에 만들어 먹었던 것으로 추측된다. 〈주방문(酒放文), 1800년대 중엽〉〈역주방문(曆酒方文)〉 등에는 서여향병이 산약병(山藥餠)으로 기록되어 있다.

재료

마 500g, 꿀 $1\frac{1}{2}$컵, 찹쌀가루 $1\frac{1}{2}$컵, 잣가루 2컵, 식용유 적당량

만드는 법

1. 마는 직경 5cm 정도의 일정하고 곧은 것을 준비하여 껍질을 벗겨 두께 0.5cm, 직경 6cm의 타원형이 되도록 비스듬히 썰어 김 오른 찜통에 5분간 찐다.
2. 한 김 나간 후에 쪄낸 마를 꿀에 20분간 재어 둔다.
3. 쪄서 꿀에 재운 마는 고운 찹쌀가루로 앞뒤를 묻혀낸 후, 기름 두른 팬에 노릇노릇하게 지져 낸다.
4. 잣은 고깔을 떼고 마른 행주로 닦은 후 종이를 깔고 칼로 곱게 다져 잣가루를 만든다.
5. 지져낸 마는 기름을 빼고 곱게 다진 잣가루에 묻혀 낸다.
6. 색절편으로 꽃과 꽃잎을 만들어 장식한다.

Tip

• 찜통에 마를 찔 때에는 너무 무르지 않게 쪄내야 기름에 지질 때 부서지지 않는다.

빙자병

녹두를 갈아 번철에 한 국자씩 떠 놓은 다음 팥소나 밤소를 얹고, 그 위에 다시 녹두 간 것을 살짝 덮어 대추로 장식하여 지진 것으로 조선시대 중엽부터 만들기 시작한 떡이다. 문헌상 최초로 〈음식디미방, 1670무렵〉에 '빈쟈법'으로 기록된 이래 「규합총서」에 '병자'(餠子), 「요록」에 '수자', 「조선무쌍신식요리제법」에 '빈대떡'으로 나타나 있다. 그 후 가난한 선비를 위한 적선용으로 먹음직스러운 양의 독립된 요리인 빈자(賓煮)떡으로 불리기도 했으나 후대로 내려오면서 떡의 개성보다는 찬물(饌物)에 가까운 지짐으로 변천하여 젯상과 교잣상에 기름에 지진 고기를 고배(高排)로 괼 때 밑받침용으로 쓰이고 있다.

재료

거피녹두 2컵(340g), 소금 1작은술, 식용유 1/2컵
[밤소] 밤 30개, 꿀 3큰술, 계핏가루 1/2작은술, 대추 5개
[고명] 대추 5개, 잣 1큰술

만드는 법

1. 거피 녹두는 따뜻한 물에 불려 2시간 이상 거피한 다음, 잡물을 골라내고 되직하게 곱게 갈아 소금간을 한다.

2. 삶은 밤은 겉껍질과 속껍질을 벗기고 곱게 찧어서 꿀과 계핏가루를 섞어 직경 2cm정도 크기로 밤소를 만든다.

3. 대추는 씨를 발라 낸 뒤 마름모꼴로 자그마하게 자르고 잣은 고깔을 떼고 종이를 깔고 다진다.

4. 프라이팬에 식용유를 넉넉히 두르고 녹두간 것을 한 숟가락씩 떠 놓은 다음, 그 위에 밤소를 얹고 다시 갈아 놓은 녹두 반 숟가락 정도를 그 위에 덮는다.

5. 녹두반죽을 수저로 눌러 가며 꽃전 모양으로 만든 뒤 위에 잣을 박고, 대추로 장식한다.

1. 거피 녹두 불리기
2. 녹두 껍질 없애기

3. 거피 녹두 곱게 갈기
4. 삶은 밤에 꿀과 계피 섞어 밤소 만들기

5. 녹두 반죽에 밤소 넣어 지지기

6. 지진 빙자병에 고명 얹기

Tip

• 녹두를 갈아서 미리 소금간을 해두면 삭아버리므로 주의한다.
• 녹두 간 것이 너무 묽은 경우에는 쌀가루를 첨가하여 농도를 조절한다

놋티떡

찹쌀가루를 익반죽한 뒤 엿기름을 넣고 삭혀서 번철에 지져낸 것으로 평안도 지방의 유명한 향토떡으로 〈요리전서, 1968〉와 〈전통향토음식조사연구보고서, 1970년대〉에 떡이름과 만드는 법이 소개되어 있다. 평양지방에서는 놋티떡을 만들어 가까이 지내는 사람들에게 선물로 보내기도 하고 유학간 자녀들에게 보낼 정도로 귀한 떡이었다고 한다. 저장성이 좋아서 몇 달이 지나도 상하거나 굳지 않아 추석 때 만들어 두었다가 이듬해 한식성묘 때나 가족들의 간식으로 자주 이용하였다고 한다.

재료 찹쌀 400g(소두 1/2되, 찹쌀가루 6컵-600g), 소금 1.5작은술, 찰기장가루 100g, 찰수수가루 100g, 소금 1작은술, 엿기름가루 2컵, 물 2컵, 설탕(꿀) 1컵, 참기름 1/2컵, 식용유 1/2컵

만드는 법

1. 찹쌀은 깨끗이 씻은 후 물에 6시간 정도 불렸다가 소쿠리에 건져서 물기를 빼고 소금을 넣어 가루로 빻아 체에 내린다.

2. 찹쌀가루 · 찰기장가루 · 찰수수가루에 소금을 넣고 다시 한 번 체에 내리고, 고운 엿기름 가루(2/3)를 섞어 물을 넣고 버물버물하여 젖은 베보자기를 깔고 찜통에 살짝 쪄낸다.

3. 쪄낸 떡을 양푼에 쏟아 뜨거울 때 나머지 1/3의 엿기름 가루를 솔솔 뿌리면서 골고루 반죽하여 보온밥통에 담아 5~6시간 정도 삭힌 다음 찬 곳에 1시간 정도 둔다.

4. 두꺼운 번철에 식용유와 참기름 섞은 것을 두르고 잘 삭혀진 3의 반죽을 5~6cm 직경으로 동글납작하게 빚어, 앞뒤로 노릇노릇하게 지져 완전히 식으면 설탕 또는 꿀을 뿌리면서 항아리에 차곡차곡 담는다.

1. 찹쌀에 소금간하기
2. 체에 내린 찹쌀가루에 물 주기

3. 찹쌀가루에 엿기름가루 섞기
4. 떡가루에 물 뿌려 반죽하기

5. 보온밥통에 반죽 삭히기

6. 삭힌 반죽 기름에 지지기

Tip

- 엿기름을 가루로 빻아 먼저 중간체에 내린 후 고운체에 다시 내려 고운 엿기름가루를 만들어 사용한다.
- 센 불에서 지지면 색깔이 검고 타기 쉬우므로 약한 불에서 서서히 익힌다.
- 오래 두고 먹어도 잘 굳지 않는 떡이므로 비상 식사용으로 적당하다.

진달래화전

[2102010311_13v, 떡제조, 능력단위(수준) : 꽃전(3)]

춘삼월에 화전은 그윽한 향기와 자태의 아름다움으로 대개 단독으로 쓰이지 않고 편의 웃기로 많이 쓰인다. 〈도문대작(屠門大嚼), 1601〉에서 '전화법', '유전병'으로 처음 기록된 이래 〈음식디미방, 1670〉, 〈주방문〉, 〈증보산림경제, 1766〉, 〈동국세시기, 1849〉, 〈경도잡지〉, 〈궁중음식연회고〉 등의 고조리서에 나타나 있다.

재료

찹쌀가루 3컵(300g), 소금 1/2작은술, 끓는 물 5큰술, 진달래꽃 5송이, 꿀(설탕시럽) 1/2컵, 식용유 적당량

만드는 법

1. 소금을 넣고 곱게 빻은 찹쌀가루는 끓는 물로 익반죽한 후 직경 5cm, 두께 0.6cm 정도로 동글납작하게 빚어 놓는다.
2. 진달래는 꽃술을 제거하고 국화꽃과 장미꽃은 꽃만 따서 한 장씩 떼어 찬물에 하룻밤 띄워 둔 다음 건져서 물기를 닦는다. 대추는 돌려 깎아 채 썰거나 꽃 모양을 내고 쑥갓은 잎만 떼어놓는다.
3. 프라이팬에 기름을 넉넉히 두른 후 반죽을 놓고 익으면 뒤집어 반죽 위에 진달래꽃을 올리고 약한불에서 지진다.
4. 투명하게 익으면 화전을 식용유 바른 접시에 담고 뜨거울 때 꿀이나 설탕을 뿌린다.

Tip

• 화전의 반죽은 많이 치대어야 몸이 곱고 빚을 때 갈라지지 않는다.

국화 · 장미화전 [2102010311_13v, 떡제조, 능력단위(수준) : 꽃전(3)]

국화전은 주로 음력 9월 9일인 중양절(重陽節)에, 장미화전은 늦은 봄날이나 초여름에 찹쌀가루를 익반죽하여 동글납작하게 모양을 만들어 노란국화꽃잎과 장미꽃잎을 붙여 번철에 기름을 두르고 지져내어 설탕시럽이나 꿀을 발라먹는 음식이다. 그윽한 향기와 자태의 아름다움으로 대개 단독으로 쓰이지 않고 편의 웃기로 많이 쓰인다. 화전은 그 계절에 피는 꽃을 이용하여 맨드라미화전, 배꽃전, 복숭아꽃전, 백합꽃전, 석류화전, 옥잠화전, 감국잎화전 등을 만들며 계절에 상관없이 대추, 밤, 잣, 석이, 버섯채를 고명으로 얹어서 지져내기도 한다.

재료

찹쌀가루 6컵(600g), 소금 1.5작은술, 끓는 물 3/4컵, 노란소국 10송이, 노란장미 10송이, 대추 5개, 쑥갓(쑥잎) 50g, 꿀(설탕시럽) 1컵, 식용유 적당량

만드는 법

1. 소금을 넣고 곱게 빻은 찹쌀가루는 끓는 물로 익반죽한 후 직경 5cm, 두께 0.6cm 정도로 동글납작하게 빚어 놓는다.
2. 국화꽃과 장미꽃은 꽃만 따서 한 장씩 떼어 찬물에 하룻밤 띄워 둔 다음 건져서 물기를 닦고, 대추는 돌려 깎아 채 썰거나 꽃 모양을 내고 쑥갓은 잎만 떼어놓는다.
3. 빚어놓은 반죽 위에 국화꽃과 장미꽃, 대추, 쑥갓잎 등의 고명을 올려 수놓는다.
4. 프라이팬에 기름을 넉넉히 두르고 반죽을 놓고 누르면서 약한 불에서 지진 다음 꿀이나 설탕(시럽)을 뿌린다.

Tip

- 국화꽃잎은 통째로 납작하게 눌러 붙이거나 하나하나 떼어 붙이기도 한다.

찹쌀호떡

남녀노소 누구나 좋아하는 겨울의 최고 간식이자 외국관광객들에게 관광자원화된 대표적인 길거리음식으로 손꼽힌다.

재료

밀가루 2컵(220g), 찹쌀가루 1컵(100g), 소금 1작은술, 드라이이스트 10g, 꿀 2큰술, 우유 1컵
[호떡소] 황설탕 1컵, 계핏가루 1작은술, 다진 견과류(땅콩, 호박씨,해바라기씨) 1컵

만드는 법

1. 분량의 재료를 섞어 호떡소를 만들어 둔다.
2. 밀가루와 찹쌀가루, 소금, 드라이이스트를 넣고 잘 섞은 후 꿀과 우유를 넣고 반죽한다.
3. 스텐볼에 기름을 바르고 반죽을 놓은 후 랩을 씌워 따뜻한 곳에 40분 정도 둔다.
4. 반죽이 원래 크기의 2.5배로 부풀 때까지 발효시킨다.
5. 적당량의 반죽을 떼어 둥글린 뒤 가운데에 소를 넣고 둥글게 모양을 잡는다.
6. 팬에 기름을 두르고 한쪽 면을 익힌 뒤 뒤집어서 누르면서 지진다.

1. 반죽에 호떡소 넣기

2. 기름 두른 팬에 호떡 누르면서 지지기

Tip

- 소금과 드라이이스트는 직접 닿지 않게 넣고 다른 가루로 덮으면서 섞는다.
- 시판용 호떡가루를 이용하면 손쉽다.

단호박찰떡구이

찹쌀가루에 삶아 으깬 단호박을 섞어 화전의 방법으로 기름에 지져낸 것으로 꽃대신 견과류를 얹어낸 영양만점의 아름다운 떡이다.

재료

찹쌀가루 2컵, 단호박 100g, 혼합견과류(호두, 아몬드, 호박씨) 5큰술, 식용유 적당량, 조청(또는 꿀) 2큰술, 볶은 콩가루 3큰술

만드는 법

1. 호두, 아몬드, 호박씨는 굵게 다져 마른 팬에 볶아 둔다.
2. 단호박은 껍질째 4등분해 씨만 빼고 20~30분 정도 쪄서 식힌 후 껍질을 벗긴다.
3. 찹쌀가루에 찐 단호박을 뜨거울 때 넣어 고루 익반죽한다.
4. 3을 치대어 직경 5cm 크기로 둥글납작하게 빚는다.
5. 프라이팬이 달구어지면 기름을 두르고 빚은 반죽을 넣고 약불에서 양면이 노르스름해지도록 지진 다음 꺼내어 조청을 고루 묻힌 후 호두, 아몬드, 호박씨 다진 것과 콩가루를 뿌린다.

Tip

- 단호박은 껍질째 쪄야 질어지지 않는다.
- 단호박의 양이 많다면 쪄서 냉동 보관한다.

삼색산승

[2102010314_13v, 떡제조, 능력단위(수준) : 산승(3)]

삼색산승은 찹쌀가루에 꿀을 넣고 익반죽하여 세뿔 모양으로 둥글게 빚어 기름에 지져 낸 후 잣가루와 계핏가루를 뿌려 만든 독특한 형태의 전병으로 〈음식방문〉, 〈시의전서〉, 〈조선요리법〉 등에 만드는 법이 기록되어 있다. 특이한 모양과 부드러운 맛 때문에 작게 만들어 잔치 때 주로 편의 웃기떡으로 사용되었으나 현대로 내려오면서 거의 만들지 않고 있다.

재료
찹쌀가루 200g, 소금 1/2작은술, 파래가루 1작은술, 생강즙 3큰술, 식용유 적당량

[꿀물] 꿀 6큰술, 물 2/3컵

[고물] 잣가루 1컵, 계핏가루 1컵

만드는 법

1. 찹쌀가루는 소금을 섞어 체에 내린 후 3등분하여 하나는 찹쌀가루만, 나머지 둘은 각각 생강즙과 파랫가루를 섞고 꿀을 넣어 끓인 물로 말랑하게 익반죽한다.

2. 익반죽한 찹쌀가루를 동그랗게 빚어 세발 또는 네발을 만든다. 이것을 다시 각 끝을 서너 갈래로 갈라 끝을 동그랗게 만든 뒤 위를 잡아 뾰족하게 만든다.

3. 프라이팬에 기름을 자작하게 두르고 세뿔 모양으로 빚은 찹쌀반죽을 넣어 투명하게 될 때까지 익혀 낸다.

4. 지진 떡을 잣가루와 계핏가루에 묻혀 낸다.

1. 찹쌀가루 소금간하여 체에 내리기

3. 찹쌀가루 익반죽하기

4. 떡반죽을 세뿔 모양으로 빚기

5. 기름에 떡반죽 지지기

6. 지진 떡 잣가루에 묻히기

Tip

- 산승은 주악처럼 여러 가지 색으로 물들여 만들기도 하며 잔치산승은 크기를 보다 작게 한다.
- 큰 상차림에는 갖은 편 위에 가장자리를 주악으로 세줄 돌리고 가운데 산승을 놓는다.
- 반죽 시 보통 찹쌀가루 1컵 당 끓는 물 2큰술이면 알맞은 농도가 된다.

오븐찰떡구이

일반적인 떡 제조법과는 달리 오븐에 굽는 현대적인 제빵 기법의 찰떡으로 겉은 바삭하나 속은 부드럽고 쫀득함이 일품이다. 일명 LA영양찰떡이라고도 하며 남 · 녀 · 노 · 소 누구나 선호하는 다른 찰떡에 비해 저장성이 높은 떡이다.

재료 찹쌀 800g(소두 1되, 찹쌀가루 12컵, 1.2kg), 조림밤 1컵, 당졸임완두콩 1컵, 당졸임강낭콩 1컵, 아몬드 슬라이스 1/2컵, 호두분태 1/2컵

[반죽재료] 우유 500cc, 베이킹파우더 1큰술, 소금 1큰술, 설탕 1/2컵, 계란 1개

만드는 법

1. 찹쌉을 충분히 불려 빻아 만든 찹쌀가루에 반죽재료를 넣고 고루 잘 섞어준다.

2. 1에 당조림한 밤, 완두콩, 강낭콩, 호두분태를 넣고 고루 잘 섞는다.

3. 다함께 섞은 2의 반죽을 베이킹틀에 8분 정도 붓고 그위에 아몬드 슬라이스를 뿌린다.

4. 3의 반죽을 180℃에서 10분간 예열한 오븐에서 40분 정도 굽는다.

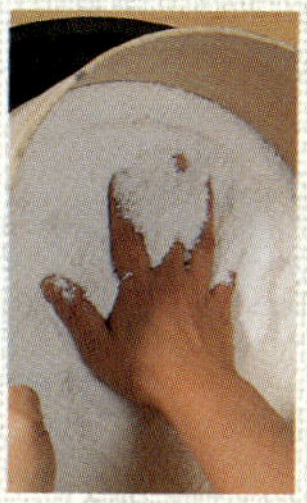

1. 찹쌀가루 체에 내리기
2. 찹쌀가루에 견과류 섞기

3. 우유로 반죽하기

4. 베이킹틀에 반죽 붓기

5. 반죽에 고명하기

6. 오븐에 넣어 굽기

Tip

- 은박접시나 은박베이킹컵에 반죽을 넣고 구워도 된다. 이때는 은박그릇에 기름을 살짝 발라야 떡이 들러 붙지않고 떼어내기 쉽다.
- 계피가루를 첨가하여 향을 더하기도 한다.

떡

삶는떡은 경단류를 말하며 찹쌀을 반죽하여 빚고 더러는 구멍떡으로 만들어서 끓는 물에 삶아 건져서 고물을 묻힌 것으로 가장 손쉽게 만들 수 있다. 경단류는 문헌인 《요록(要綠), 1680년경》에 '경단병'이란 이름으로 처음 기록되어 있는데, "찹쌀가루로 떡을 만들어 삶아 익힌 뒤 꿀물에 담갔다가 꺼내어 그릇에 담아 다시 그 위에 꿀을 더한다."고 하였다. 이렇게 시작된 경단은 《음식방문(飮食方文), 1800년대 중엽》과 《시의전서, 1800년대 말엽》 등에도 나타나 있는데, 고물을 묻히는 방법에 약간의 차이가 있을 뿐 기본적인 방법은 거의 같다.

삶는떡

경단 • 오메기떡 • 잣구리 • 수수경단

경단 [2102010315_13v, 떡제조, 능력단위(수준) : 경단류(3)]

찹쌀가루를 익반죽하여 동그랗게 빚어서 끓는 물에 익혀 여러 가지 고물을 묻힌 것으로 삶는떡의 가장 대표적인 것이다. 찹쌀경단은 〈요록(要錄), 1680〉에 '경단병'으로 처음 기록된 이래 〈증보산림경제, 1766〉, 〈음식방문〉, 〈시의전서〉, 〈간편조선요리제법, 1934〉, 〈조선요리법, 1938〉, 〈조선무쌍신식요리제법, 1943〉 등의 고조리서에 만드는 법이 상세히 기록되어 있다. 경단의 고물은 콩고물, 팥고물, 깨고물, 파랫가루고물, 팥앙금가루고물, 녹두고물, 대추고물 등을 쓰고 고물의 종류에 따라 콩가루경단, 밤경단, 파래경단, 녹두경단, 대추경단, 계피경단, 실백경단 등으로 구별되며, 돌상이나 의례상에 자주 올리는 떡이다.

재료 ① 찹쌀 600g, 소금 1작은술, 끓는물 100g

[고물] 노란콩가루 1컵, 푸른콩가루 1컵, 흑임자 1컵, 거피팥 1컵, 계핏가루 1컵, 설탕 1컵, 소금 적당량

② 떡제조기능사 검정용: 찹쌀가루 200g, 소금 2g, 끓는물 30g,

[부재료] 볶은 콩가루 50g

만드는 법

1. 찹쌀가루는 가루로 빻아 소금을 넣고 비빈 후 체에 내려서 고운 가루를 만든다.

2. 1에 끓는 물을 넣고 익반죽하여 직경 2cm 정도로 동그랗게 빚고 끓는 물에 넣어 삶는다. 떠오르면 찬물을 조금 더 넣고 삶다가 다시 떡이 떠오르면 건져내어 찬물에 따뜻한 기가 없어질 때까지 헹군 뒤 물기를 뺀다. 이때 설탕을 살짝 뿌려두면 떡이 퍼지지 않는다.

3. 수분이 빠지고 단맛이 베면 경단을 다섯 분량으로 나누어서 오색 고물을 묻혀 그릇에 담아낸다.

1. 찹쌀가루에 소금간하여 체에 내리기

2. 찹쌀가루 익반죽하기

3. 끓는 소금물에 떡반죽 삶아내기

● **고물만들기**

1. 거피팥은 맷돌에 탄 거피팥을 물에 담가 푹 불려서 찜통에 보자기를 깔고 20분간 쪄서 소금을 넣어 으깨어 어레미에 걸러 놓는다.

2. 노란콩과 푸른콩은 깨끗하게 씻어서 볶아 맷돌에 타서 껍질을 벗기고 가루를 만들어 소금과 설탕을 넣는다.

3. 흑임자는 물에 불려 살살 비벼 씻어서 껍질을 벗기고, 타지 않게 볶은 뒤 찧어서 소금과 설탕을 넣는다.

4. 계핏가루는 육계를 깨끗이 씻어 말려 분쇄기에 갈아 가루로 만든다.

4. 삶은 경단에 푸른콩가루 묻히기

떡제조기능사 수검 시 요구사항

※지급된 재료 및 시설을 사용하여 경단떡을 만들어 제출하시오.

① 떡 제조 시 물의 양을 적정량으로 혼합하여 반죽을 하시오.

(단, 쌀가루는 물에 불려 소금간하지 않고 1회 빻은 쌀가루이다)

② 찹쌀가루는 익반죽하시오.

③ 반죽은 직경 2.5~3cm 정도의 일정한 크기로 20개 이상 만드시오.

④ 경단은 삶은 후 고물로 콩가루를 만드시오

⑤ 완성된 경단은 전량 제출하시오.

5. 삶은 경단에 노란콩가루 묻히기

오메기떡 [2102010315_13v, 떡제조, 능력단위(수준) : 경단류(3)]

차조가루를 둥글게 빚어 도넛처럼 가운데 구멍을 내고 삶아서 콩가루나 팥고물에 굴린 것으로 제주도 지방에서는 오메기술을 만들 때, 콩개역(콩고물)을 묻히지 않고 밑떡으로 쓴다. 예로부터 척박한 땅에서도 잘 자라 중요한 곡물로 재배되어 온 조는 그 입질에 따라 차조와 메조가 있으며, 소화 흡수율이 맥류보다 좋고 비타민 B1, B2가 많이 함유되어 있으며 무엇보다 저장성이 좋아 장기 보존하더라도 맛이 변하지 않고 충해도 적다. 한방에서는 조길금이라 하여 싹 틔운 조를 말려서 쓰는데, 신장을 보(補)하고 소화장애와 체하고 입맛이 없을 때에 효과가 있다고 한다.

재료

차조 400g(소두 1/2되, 차조가루 6컵, 600g), 소금 1작은술, 설탕 3큰술, 끓는 물 8큰술
[고물] 흰콩 200g, 소금 1/4작은술, 설탕 3큰술, 붉은팥 200g, 소금 1/4작은술, 설탕 1큰술

만드는 법

1. 차조를 깨끗이 씻어 일어 물에 6시간 정도 담갔다가 건져 소금을 넣고 빻아 가루로 만든다.

2. 콩은 깨끗이 씻어 일어 물기를 빼고 볶아서 껍질을 벗기고 가루를 낸 다음, 체에 내려 설탕과 소금을 넣고 맛을 낸다.

3. 붉은팥은 푹 삶아 체에 내려 앙금을 짠 뒤 설탕을 넣고 번철에서 볶아 팥앙금가루를 만든다.

4. 차조가루는 끓는 물로 익반죽하여 직경이 5~6cm 정도 되는 도넛 모양으로 빚는다.

5. 구멍 내어 빚은 떡을 끓는 물에 넣고 삶다가 떠오르면 찬물을 조금 더 넣고 삶다가 다시 떡이 떠오르면 건져내어 찬 물에 헹구어 물기가 빠지면 설탕을 뿌려둔다.
   콩가루와 팥앙금가루에 각각 묻혀 낸다.

1. 차조가루 반죽에 모양내기

2. 삶은 팥 체에 내리기
3. 팥앙금 짜기

4. 팥앙금 볶기

5. 삶은 떡반죽 고물 묻히기

Tip

- 도톰하게 반죽하여 가운데를 엄지손가락으로 꼭 눌러 모양을 내기도 한다.
- 익반죽하여 끓는 물에 삶아 찬 물에 헹궈 물기가 완전히 빠진 후에 고물을 묻혀야 표면이 보슬보슬하며 뜨거울 때 먹어야 제 맛이 난다.

잣구리 [2102010315_13v, 떡제조, 능력단위(수준) : 경단류(3)]

찹쌀가루를 익반죽하여 밤소를 넣고 누에고치 모양으로 빚은 것을 끓는 물에 삶아서 잣가루를 묻힌 매우 고급스러운 떡으로 쫄깃하면서도 입안에서 녹는 부드럽고도 고소한 맛이 일품이다. 잣구리의 소는 밤 대신 깨를 찧어 꿀에 갠 것을 사용해도 좋으며, 고물로 잣가루 대신 거피하여 볶은 실깨고물을 묻히기도 하는데 이렇게 만든 떡은 '깨구리'라고도 한다.

재료

찹쌀가루 3컵(300g), 끓는물 5큰술, 소금 1/2작은술, 잣 1컵, 설탕 1큰술

[밤소] 밤 10개, 꿀 1큰술, 계핏가루 1/2작은술

만드는 법

1. 찹쌀가루는 소금을 넣고 고루 비빈 후 체에 내려 끓는 물로 익반죽한다.
2. 밤은 껍질을 벗겨 푹 삶아 찧어 체에 내린 다음, 꿀과 계핏가루를 넣고 대추만 하게 뭉쳐서 밤소를 만든다.
3. 잣은 종이를 깔고 칼로 곱게 다져서 잣고물을 만들어 놓는다.
4. 반죽을 조금씩 떼어 밤소를 넣고 길이 4cm 정도의 누에고치 모양으로 빚어 끓는 물에 삶아 떠오르면 찬물을 조금 더 넣고 삶아 떡이 떠오르면 체망에 건진 다음 물기를 빼고 설탕을 뿌린 후 잣가루에 굴려 고물을 묻힌다.

Tip

- 잣구리는 삶는떡이므로 만들기가 간편하여 가정에서 손쉽게 만들 수 있다.
- 잣구리 속에 넣는 소나 겉에 묻히는 고물은 밤이나 잣가루 외에 깨고물을 사용하기도 한다(깨구리).

수수경단 [2102010315_13v, 떡제조, 능력단위(수준) : 경단류(3)]

수수팥단지라고도 하며 찰수수가루를 익반죽하여 둥글게 빚어서 끓는 물에 삶아 붉은팥고물을 묻힌 것으로 찰수수와 팥의 붉은색이 액운을 피한다 하여 어린아이가 10세가 되기까지의 생일에는 반드시 만들어 주던 떡이다.

재료

찰수수 400g(소두 1/2되, 찰수수가루 6컵, 600g), 소금 1작은술, 설탕 3큰술, 끓는 물 9큰술, 붉은팥 300g, 소금 1작은술

만드는 법

1. 찰수수는 깨끗이 씻어 일어 더운 물에 담그어 하루쯤 불린다. 붉은빛과 떫은맛이 빠질 때까지 수시로 물을 갈아 주면서 충분히 불으면 소쿠리에 건져서 물기를 뺀 후 빻아 가루로 만든다.
2. 붉은팥은 물을 넉넉히 붓고 삶다가 그 물을 버리고, 다시 팥의 3배 정도의 찬물을 부어 팥이 무를 때까지 푹 삶는다. 팥알을 만져보아 팥이 부스러지면 물을 따라 버리고 낮은 불에서 5분 정도 뜸을 들인다. 뜨거울 때에 절구에 쏟아서 소금을 넣고 대강 찧어 재빨리 넓은 쟁반에 펴서 고물이 질지 않게 한다.
3. 찰수수가루는 소금을 넣고 끓는 물로 익반죽하여 잘 치대어 30분 정도 두었다가 직경 2cm 정도로 동그랗게 빚는다.
4. 냄비에 물을 넉넉히 담아서 끓으면 ③의 찰수수경단을 넣고 익어서 물 위에 떠오르면 찬물을 2번 정도 넣고 삶다가 다시 떡이 떠오르면 건져서 찬물에 헹구어 물기를 뺀 후 설탕을 뿌려 두었다가 붉은팥고물을 고루 묻힌다.

Tip

• 고물이 잘 묻지 않을 때는 삶아 내어 찬물에 헹군 경단에 시럽이나 꿀을 약간 바른 후 붉은팥고물을 묻혀낸다.

한과

유밀과는 밀가루에 꿀과 기름을 넣고 반죽해

모양을 만들어서 기름에 지져낸 다음 즙청한 것을 말한다.

원래는 불교의 소찬이었으나 발달하여 제사상이나

큰상의 고임상에 올려졌고 진상품과 혼례 때의

납폐음식으로도 쓰였으며 국외에까지 그 명성을 떨쳤다.

유밀과류

꽃약과 · 다식과 · 모약과 · 매작과

꽃약과 · 다식과

밀가루에 참기름과 꿀을 섞어 반죽한 것을 약과틀이나 다식판에 박아낸 뒤 기름에 튀겨 즙청시럽에 재운 대표적인 유밀과(油蜜菓)의 하나이다. 본디 '약(藥)이 되는 과자(菓子)'라는 뜻으로, 통과의례나 명절, 잔치, 제향(祭享)때에 반드시 사용했던 우리 전통의 한과이며 달콤하고 연하면서도 입안에서 녹는 그 맛이 일품이다.

재료

밀가루(박력분) 4컵(440g), 혼합참기름(참기름 : 식용유 1 : 1) 7큰술, 꿀(설탕시럽) 7큰술 청주(소주) 7큰술 소금 1작은술, 생강즙 4큰술, 흰후춧가루 1/8작은술, 식용유 적당량

[즙청시럽] 조청 1kg, 물 1컵, 계핏가루 1작은술, 생강 50g, 유자청 2큰술

[고명] 대추 · 잣 · 호박씨 · 살구씨 약간

만드는 법

1. 밀가루에 소금과 흰후춧가루를 섞어 체에 내린 다음 혼합참기름을 조금씩 넣으면서 손으로 고루 비벼 다시 한 번 체에 내린다.

2. 체에 내린 밀가루에 꿀과 청주, 소금, 생강즙을 한데 혼합하여 고루 섞은 것을 넣고 뭉치듯이 가볍게 반죽하여 한 덩어리로 만든다.

3. 반죽을 적당량 떼어 약과틀이나 다식판에 엄지손가락으로 꼭꼭 눌러 박아내어 기름이 잘 스며들도록 대꼬치로 6~7군데 구멍을 낸다.

4. 약과 반죽을 110℃ 정도의 기름에서 1차로 지져 연한 갈색이 되면서 위로 떠오르면 건져내어 140℃로 올린 튀김팬에 넣고 갈색이 나도록 한번 더 천천히 튀긴다.

5. 갈색이 나면 건져 기름을 빼고 뜨거울 때 즙청시럽에 재웠다가 건져 대추, 잣, 호박씨 등으로 고명한다.

즙청시럽 만들기

① 물에 생강편을 넣고 끓여 면보에 거르기
② 생강물에 조청, 계핏가루를 섞어 한번 더 끓이기
③ 유자청 넣기

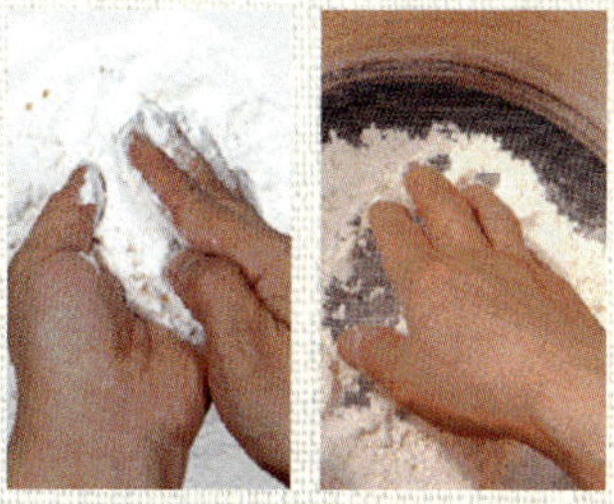

1. 참기름 먹인 밀가루 체에 내리기

2. 반죽 한 덩어리로 뭉치기
3. 약과틀에 반죽 박아내기

4. 다식판에 반죽 박아내기
5. 기름에 반죽 튀기기

6. 망에 건져 기름빼기
7. 즙청시럽에 담그기

모약과

약과 반죽을 켜가 생기도록 밀대로 밀어 네모나게 썬 후 지져낸 것으로 개성 지방에서는 평소에 먹는 것은 작게 만들지만 잔치나 제사상에는 사방 20cm크기로 아주 큼직하게 만들어 고였다고 한다. 이익의 〈성호사설(星湖僿說), 1763〉에 "약과는 여러 가지 과실 모양이나 새의 모양으로 만들었던 것이나, 후일에 높이 고이는 풍습이 생겨나면서 넓적하게 자르게 되었다."고 하는 기록에서 모약과의 형태를 추측할 수 있다. 반죽이 좋아 잘 튀겨진 모약과는 마치 서양의 파이처럼 켜가 생기는 것이 특징으로 연하면서도 입안에서 녹는 맛이 일품이다.

재료

밀가루(박력분) 4컵(440g), 혼합참기름(참기름 : 식용유 1 : 1) 8큰술, 설탕시럽 8큰술, 청주(소주) 8큰술, 소금 1작은술, 생강즙 4큰술, 흰후춧가루 1/8작은술, 튀김기름 적당량 **[즙청시럽]** 조청 1kg, 물 1컵, 계핏가루 1작은술, 생강 50g, 유자청 2큰술 **[고명]** 잣(잣가루), 호박씨 조금

만드는 법

1. 밀가루에 소금과 흰후춧가루를 섞어 체에 내린 다음, 혼합참기름을 조금씩 넣으면서 손으로 고루 비벼 다시 한 번 체에 내린다.

2. 꿀과 청주, 생강즙을 한데 혼합하여 고루 섞은 후 체에 내린 밀가루에 넣고 뭉치듯이 가볍게 반죽하여 한 덩어리로 만든다.

3. 하나로 뭉쳐지면 반죽을 반으로 나눈 다음 꾹꾹 눌러가며 겹쳐 놓고 손바닥으로 눌러 다시 한 덩어리가 되게 한다. 이 과정을 2~3차례 반복한다.

4. 반죽이 매끈하게 되면 방망이로 고루 밀어 두께 1cm, 가로 · 세로 3cm 크기로 썰고 기름이 잘 스며 들도록 대꼬치로 가운데에 서너 군데 구멍을 낸다.

5. 썰어 놓은 반죽을 100~110℃의 기름에 지져 위로 떠오르면 건져내어 140~150℃로 올린 튀김팬에 넣고 갈색이 나도록 한번 더 천천히 튀겨낸다.

6. 튀겨낸 약과는 기름을 빼고 뜨거울 때 즙청시럽에 재웠다가(5시간) 건져 고명을 얹어낸다.

Tip

• 모양에 따라 꽃약과, 만두과, 행인과, 다식과, 모약과, 박계 등으로 이름에 달라진다.

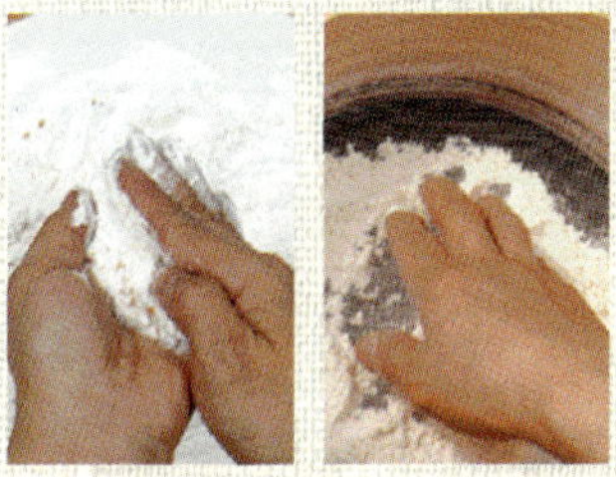

1. 참기름 먹인 밀가루 체에 내리기

2. 반죽 한 덩어리로 뭉쳐 누르기

3. 반죽 겹쳐 방망이로 밀기
4. 대꼬치로 구멍내기

5. 서서히 튀겨 내어 켜 생긴 것 확인

6. 튀긴 약과 체망에 건져 기름빼기
7. 즙청시럽에 담그기

매작과

그 모양이 '마치 매화나무에 참새가 앉은 모습과 같다' 하여 한자로 매화 매(梅), 참새 작(雀), 자(字)를 써서 매작과(梅雀菓)라고 하는데 매잣과 · 매잡과(梅雜菓) · 매엽과(梅葉菓) · 타래과 등 여러 이름으로 불리우며 다과상이나 간식용으로 많이 쓰인다.

재료 밀가루 2컵(220g), 소금 1/2작은술, 김 1장. 시금치즙(파래물) 3큰술, 백년초 우린물 3큰술, 치자 우린물 3큰술, 생강즙 3큰술, 튀김기름 적당량, 잣가루 1큰술 **[즙청시럽]** 설탕 3컵, 물 3컵, 꿀 3큰술, 계핏가루1/4작은술

만드는 법

1. 밀가루에 소금을 넣고 고운 체에 친다.

2. 밀가루를 4등분 하여 생강즙, 시금치즙, 백년초 우린물, 치자 우린물로 말랑하게 반죽하여 비닐에 싸서 30분 정도 둔다.

3. 반죽은 0.3cm 두께로 얇게 밀어 길이 6cm, 폭 1.5cm 정도로 네모 반듯하게 자른 뒤, '내천(川)' 자 모양으로 칼집을 3개 넣고, 가운데 칼집사이로 한쪽 ~끝을 밀어 넣어 뒤집어 타래모양을 만든다.

4. 생강즙 반죽은 얇게 밀어 물(계란 흰자)을 살짝 바르고 그 위에 김 1장을 덮어 겹쳐서 같은 방법으로 타래모양을 만든다.

5. 160℃의 튀김기름에 반죽을 넣고 모양이 일그러지지 않도록 노릇노릇하게 튀겨 기름을 제거하고 즙청시럽에 담갔다가 건진다. 위에 잣가루를 뿌려서 내기도 한다.

1. 밀가루에 소금 넣어 체에 치기
2. 강판에 생강 갈기

3. 밀가루에 생강즙 넣기
4. 밀가루에 치자 우린물 섞기

5. 반죽 얇게 밀기
6. 잘라 천(川)자로 칼집넣기

7. 뒤집어 빼서 모양 만들기
8. 기름에 튀기기

Tip

- 생강과 수삼은 즙을 내지 않고 그대로 갈아서 밀가루에 섞어 반죽하기도 한다.
- 반죽의 색은 당근즙, 흑임자가루, 포도쥬스가루, 인스턴트 커피가루 등을 이용하여 낼 수 있다.

한과

유과는 찹쌀가루에 술과 콩물을 넣고 반죽하여 찐 다음
꽈리가 일도록 저어서 모양을 만들어 건조시켜
기름에 지져낸 다음 엿물이나 꿀을 입혀
다시 고물을 묻힌 것으로 모양과 고물의 색에 따라
여러 이름이 붙게 된다.
한과 중 가장 최고급으로 꼽히며 만드는 정성과
아울러 입에 넣으면 바삭하게 부서지면서
사르르 녹는 맛은 과히 일품이다.
제상이나 혼례상, 정월 세찬에 반드시 올리던 것으로
지금은 좋은 날에 축하음식의 선물로 많이 한다.

유과류

꽃산자 · 수복산자 • 매화산자 · 손가락강정 • 빈사과

꽃산자 · 수복산자

유과류의 일종으로 찹쌀가루에 술을 넣고 반죽하여 시루에 쪄내어, 공기가 반죽에 고루 섞이도록 방망이로 꽈리가 일도록 치대어서 얇게 민 다음, 바탕을 네모 모양으로 편편하게 만들어 적당한 크기로 자른 후 말려서 기름에 지져 꿀이나 조청을 바르고 고물을 묻힌 것이다. 산자라는 명칭은 정약용(丁若鏞)의 〈아언각비(雅言覺非)〉에 의하면 "찰벼 껍질을 튀기면 그 쌀이 흩어지기 때문에 산(散)이라 하며 이 산을 입혔기 때문에 산자(散子)"라고 한다고 기록되어 있다. 고물은 여러 가지가 쓰이는데 튀밥을 잘게 부순 세건반산자가 일반적이다.

壽
福

1단계 ▸▸ 유과(산자) 바탕 만들기

1. 골마지가 끼도록 찹쌀 삭히기

2. 콩불리기

3. 찹쌀가루에 소주 섞기

4. 찹쌀가루에 콩물 넣어 반죽하기

5. 반죽 안쳐 찌기

6. 꽈리가 나게 치기

7. 밀가루 뿌리며 반대기 지어 밀기

8. 얇게 밀어서 썰기

9. 채반에 널어 말리기

10. 수분 적당히 주기

2단계 ▸▸ 튀기기

1. 말린 바탕 기름에 담가 불리기

2. 낮은 기름에서 모서리 눌러 고루 늘리기

3. 뜨거운 기름으로 옮겨 모양 잡기

3단계 ▸▸ 즙청하여 고물 묻히기

1. 어레미에 내려 강반 만들기

2. 튀긴 산자 즙청하기

3. 즙청한 산자에 세건반 묻히기

재료

[바탕] 찹쌀 800g(소두1되, 찹쌀가루 12컵, 1.2kg), 소금 1작은술, 소주 2/3컵, 설탕 1작은술, 밀가루(전분) 적당량 **[콩물(2/3컵)]** 흰콩 2큰술, 물 2/3컵 **[고물]** 튀밥 3컵 **[즙청시럽]** 설탕 4컵, 물엿 4컵, 꿀 4큰술, 생강즙 2/3큰술 **[고명]** 볶은 검정깨 3큰술, 대추 5알, 호박씨 적당량, 튀김기름 적당량

만드는 법

1. 찹쌀은 씻지 않고 1~2주일 정도 물에 담가 두고, 삭아서 골마지가 끼면 여러 번 씻어 말끔히 헹구어 소금 간을 하여 고운 가루로 빻아 체에 내린다.

2. 체에 내린 찹쌀가루에 소주, 설탕, 콩물을 타서 조금씩 넣고 버물버물 섞는다.

3. 찜통에 젖은 보를 깔고 반죽을 안쳐 도중에 위 · 아래를 뒤집어 주면서 푹 쪄내어 큰 그릇에 쏟아 방망이로 꽈리가 일도록 힘껏 친다. 가끔 떡을 높이 끌어 올려 그 사이에 공기가 들어가도록 한다.

4. 안반에 밀가루(전분)를 뿌리고, 반죽을 펴놓아 방망이로 얇고 판판하게 밀어 두께 0.4cm로 펴 놓아 약간 굳은 다음, 4cm 정도로 네모지게 썬다.

5. 산자바탕은 채반 위에 한지를 깔고 갈라지지 않을 때까지 말린 다음 한지로 싼 다음 비닐팩에 담아 냉동고에 보관한다.

6. 말린 산자바탕의 앞뒤에 묻은 가루를 솔로 말끔히 털어낸 다음 미지근한 튀김기름에 산자바탕을 5~10분 정도 담가 불려 놓는다.

7. 불린 산자바탕을 90℃ 정도의 낮은 기름에 넣어 서서히 불리면서 바탕이 부풀기 시작하려고 하면 숟가락으로 네 귀퉁이를 눌러서 모양을 반듯하게 한다.

8. 새 기름을 두꺼운 기름팬에 올려 약 170~180℃의 온도가 되면 산자바탕을 넣고 산자가 완전히 부풀도록 튀겨 건져서 기름을 완전히 뺀다.

9. 튀긴 쌀을 굵게 부수어 어레미에 내려 아랫부분의 건지를 넓은 쟁반에 펴놓는다.

10. 튀겨낸 바탕을 뜨거운 즙청시럽에 담갔다가 꺼내어 체에 건져 여분의 즙청시럽을 떨어뜨린 후 세건반고물을 묻힌 다음 검정깨나 대추, 호박씨로 수놓는다.

Tip

- 분홍색의 물을 들인 고물을 묻힌 것은 흰색의 산자류와 함께 축하음식으로 쓰이고, 제례음식으로는 흰색의 고물만을 사용한다.
- 산자바탕은 잘 말려서 비닐봉지에 넣어 봉해 두어야 수분이 증발되어 갈라지는 것을 막을 수 있다.

매화산자 · 손가락강정

바탕을 산자와 같이 만들되, 크고 네모 반듯하게 썰고 손가락강정은 가름하게 썰어 위가 편편하고 반듯하게 기름에 튀겨낸다. 튀겨낸 바탕에 엿물이나 조청을 바르고 찰매화밥을 줄을 놓아 곱게 박거나 세반, 파래, 검정깨 등의 색색의 고물을 묻혀낸 것이다. 한과 중 정성이 가장 많이 깃든 과자일 뿐만 아니라 입에 넣으면 바삭하게 부서지면서 사르르 녹는 맛은 과히 일품이다

매화튀밥 만들기

1. 찰나락에 술 축이기

2. 찰나락 부풀려 튀기기

1단계 ▸▸ 매화산자 · 손가락강정 바탕 만들기

1. 골마지가 끼도록 찹쌀 삭히기

2. 콩불리기

3. 찹쌀가루에 소주 섞기

4. 찹쌀가루에 콩물 넣어 반죽하기

5. 반죽 안쳐 찌기

6. 꽈리가 나게 치기

7. 밀가루 뿌리며 반대기 지어 밀기

8. 얇게 밀어서 썰기 시루에 깨 고물 깔기

9. 채반에 널어 말리기

10. 수분 적당히 주기

2단계 ▸▸ 튀기기

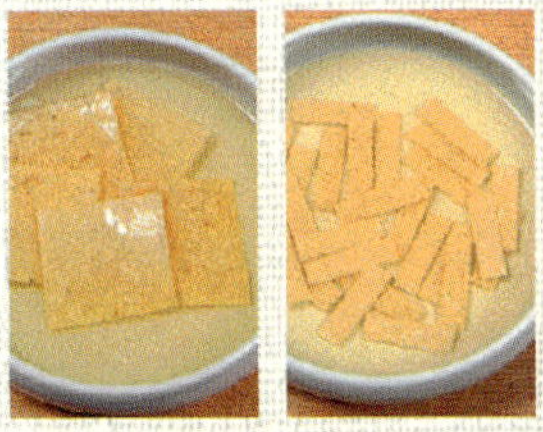

1. 말린 바탕 기름에 담가 불리기

2. 모서리 눌러 고루 늘리기

3. 뜨거운 기름으로 옮겨 모양잡기

3단계 ▸▸ 즙청하여 고물 묻히기

1. 어레미에 내려 강반 만들기

2. 튀긴 산자 즙청하기

3. 즙청한 산자에 세건반 묻히기

재료

[바탕] 찹쌀 800g(소두1되, 찹쌀가루 12컵, 1.2kg), 소금 1작은술, 소주 2/3컵, 설탕 1작은술, 밀가루(전분) 적당량, 튀김기름 적당량 **[콩물(2/3컵)]** 흰콩 2큰술, 물 2/3컵 **[고물]** 찰벼 3컵, 참깨 · 흑임자 · 들깨 각1컵, 세반, 파래가루 각 1컵, 튀김기름 적당량 **[즙청시럽]** 물엿 1kg, 조청 2컵, 꿀 2큰술, 생강즙 4큰술

만드는 법

1. 찹쌀은 씻지 않고 1~2주일 정도 물에 담가 두고, 삭아서 골마지가 끼면 여러 번 씻어 말끔히 헹구어 소금 간을 하여 고운 가루로 3번 정도 빻아 체에 내린다.

2. 체에 내린 찹쌀가루에 소주, 설탕, 분쇄기에 간 콩물을 타서 조금씩 넣고 버물버물 섞는다.

3. 찜통에 젖은 면보를 깔고 반죽을 안쳐 도중에 위 아래를 뒤집어 주면서 푹 쪄내어 큰그릇에 쏟아 방망이로 꽈리가 일도록 힘껏 친다. 가끔 떡을 높이 끌어 올려 그 사이에 공기가 들어가도록 한다.

4. 안반에 밀가루(전분)를 뿌리고, 반죽을 펴놓아 방망이로 얇고 판판하게 밀어 두께 0.3cm로 펴 놓아 약간 굳은 다음 매화산자용은 4cm 정도로 네모지게, 손가락강정용은 길이 4cm, 폭 1cm 빈사과용은 사방 0.3cm로 썬다.

5. 산자와 강정바탕은 채반 위에 한지를 깔고 갈라지지 않을 때까지 말려 한지로 싼 다음 비닐팩에 담아 냉동고에 보관한다.

6. 말린 산자와 강정바탕의 앞뒤에 묻은 가루를 솔로 말끔히 털어낸 다음 미지근한 튀김기름에 각각의 바탕을 5~10분 정도 담가 불려 놓는다.

7. 불린 산자와 강정바탕을 90℃정도의 낮은 기름에 넣어 서서히 불리면서 바탕이 부풀기 시작하려고 하면 숟가락으로 네 귀퉁이를 눌러서 모양을 반듯하게 한다.

8. 새 기름을 두꺼운 기름팬에 올려 약 170~180℃의 온도가 되면 산자와 강정바탕을 넣고 바탕이 완전히 부풀도록 튀겨 건져서 기름을 완전히 뺀다.

9. 튀겨낸 각각의 바탕을 뜨거운 즙청시럽에 담갔다가 꺼내어 체에 건져 여분의 즙청시럽을 떨어뜨린 후 튀겨낸 찰나락과 실깨 등의 여러 가지 고물을 묻힌다.

Tip

- 산자바탕은 잘 말려서 비닐봉지에 넣어 봉해 두어야 수분이 증발되어 갈라지는 것을 막을수 있다.
- 성형모양과 크기에 따라 산자, 손가락강정, 빙사과 등으로 만들고 고물 또한 다양하게 이용할 수 있다.
- 찹쌀은 여름에는 1주일, 겨울에는 2주일 정도 물에 담가 두어 삭힌다.

빈사과

산자나 유과와 마찬가지로 찹쌀가루에 술과 콩물을 섞어 반죽하여 시루에 쪄낸 다음, 밀대로 밀어서 녹두알 크기로 잘게 썬 다음 기름에 튀겨 즙청시럽에 버무려 굳힌 후 칼로 썰어 만든 것이다. 빈사과는 얼음처럼 맑고 투명하며 속이 비치는 의미로 빙사과(氷紗菓)라고도 하는데, 바삭하며 입안에서 부드럽게 녹는 맛은 가히 일품이다.

재료

[바탕 만들기] 찹쌀 3컵, 소주 3큰술, 설탕 1작은술, 소금 1/2작은술, 밀가루(녹말) 적당량

[콩물] 불린 흰콩 1작은술, 물 1/4컵

[즙청시럽] 설탕 2/3컵, 물엿 1컵, 생강즙 1/3컵, 꿀 1큰술, 치자 우린물 적당량, 백년초가루 적당량, 튀김기름 적당량

1. 찹쌀 삭히기와 콩 불리기

만드는 법

1. 바탕은 산자의 바탕과 같이 만들어 0.2cm 크기로 썰어 동글동글 하게 손으로 만져준 다음 채반에 한지를 깔고 서로 붙지 않게 놓아 따뜻한 실내에서 말린다.

2. 찹쌀가루 쪄서 절구에 치기

2. 바탕을 손톱으로 눌러 보아 조금 들어갈 정도로 마르면 비닐팩에 담아 밀봉하여 냉동고에 보관한다.

3. 바탕을 160℃의 기름에 넣고 휘저으면서 색이 나지 않게 재빨리 튀겨 기름을 완전히 뺀 다음 삼등분으로 나눈다.

3. 바탕 썰어 말리기

4. 냄비에 물엿과 설탕, 생강즙을 함께 담아 중불에서 끓여 엿물을 만들어 삼등분으로 나눈 후 치자 우린물을 넣은 노란색 엿물과 백년초가루를 넣은 분홍색 엿물 등 삼색 즙청시럽을 만든다.

5. 엿물이 끓으면 불을 줄이고 튀긴 빈사과 바탕과 즙청시럽의 비율을 5 : 1 정도로 하여 재빨리 고루 버무린다. 비닐을 깐 네모진 틀에 넣고 윗면을 편편하게 굳힌 다음 길이 3cm, 폭과 높이는 2.5cm 정도의 네모로 썬다.

4. 바탕 튀기기
5. 색엿물 끓이기

6. 즙청시럽에 넣어 버무리기
7. 밀대로 밀어 굳히기

Tip

- 대개는 빈사과를 목적으로 만들지 않고 강정이나 산자의 반죽 부서진 것을 튀겨서 서로 잘 붙게 엿물에 버무려 모아서 네모지게 만든다.
- 빈사과의 반죽은 작아서 흩어지기 쉬우므로 망에 담은 채 튀기며 색이 너무 나지 않도록 높은 온도에서 재빨리 튀겨 낸다.

한과

정과(正果)는 식물의 뿌리나 줄기 또는 열매를 데쳐 조직을 연하게 한 다음 설탕시럽이나 물엿, 꿀에 오랫동안 조린 것으로 전과(煎果)라고도 한다.

명절이나 손님접대의 다과상에 오르며 특히 제상에는 제기에 괴어 담고 잔치의 큰상에는 평접시에 괴어 담는다.

정과는 보통 한가지만 만드는 게 아니라 여러 가지 종류를 달콤하고 쫄깃하게 만들어 한 접시에 옆옆이 담아낸다.

정과의 종류는 끈적끈적하게 물기가 있게 만드는 진정과와 이를 설탕에 굴려서 아주 마르게 만드는 건정과가 있다.

정과류

수삼정과 • 도라지정과 • 동아정과 • 사과 · 당근 · 단호박정과 • 연근 · 더덕정과

수삼정과

수삼을 끓는 소금물에 삶아서 조직을 부드럽게 한 후 물에 물엿과 꿀을 넣고 서서히 윤기나게 조려내어 쫄깃하고 달콤하게 만든 한과이다. 인삼의 쌉쓰레한 맛과 엿물의 달콤한 맛에 인삼 특유의 향이 어우러져 외국인들조차 탄성을 지르는 가장 한국적인 정과이다. 또한 윤기나게 조린 수삼진정과를 넓은 쟁반에 설탕을 고루 펴 담고 하나씩 굴려 채반에 널어 말린 것을 수삼건정과라고 한다.

재료

수삼(4년근, 1채) 750g, 삶는 물 4컵, 물엿 2kg, 꿀 1컵

만드는 법

1. 수삼은 솔로 깨끗이 씻고 칼로 긁어서 껍질을 제거한다.
2. 손질한 수삼은 끓는 물(15분)에 넣어 중간 불에서 무르도록 삶아 건져 둔다.
3. 삶은 수삼은 넓은 냄비에 물엿을 넣은 후 약한 불에서 끓기 시작하면 불을 끄고 식힌다.
4. 다시 불을 약하게 하여 끓어 오르기 시작하면 불을 끄고 식히기를 7~8번 반복한 후 투명해지면 꿀을 넣고 조린다.
5. 조려진 수삼은 굵은 체에 하나씩 건져서 떼어 놓아 식힌다.
6. 이틀 정도 지나면 쟁반에 설탕을 고루 펴놓고 굴리면서 꾸득한 상태로 2~3주 정도 건조시킨다(수삼건정과).

Tip

- 정과를 만들 때 연한 색을 내고자 할 때는 흰 물엿을 사용하고, 진한 갈색이 나도록 하려면 조청을 넣고 윤기나고 쫄깃하게 조린다.
- 수삼정과는 어느 정도 단물이 배어들도록 조린 후 하루 정도 두었다가 다시 조리기를 7~8회 반복한다.

도라지정과

도라지를 끓는 식초물에 살짝 데쳐서 설탕과 물엿, 꿀을 넣고 서서히 윤기나게 조려내어 쫄깃하고 달콤하게 만든 한과이다. 도라지의 씁스레한 맛과 시럽의 달콤한 맛이 어우러지도록 맑고 투명하게 조려낸 정과를 넓은 쟁반에 설탕을 고루 펴 담고 하나씩 굴려 채반에 널어 말려 건정과를 만들기도 한다.

재료

도라지 200g, 데치는 물 3컵, 식초 1큰술, 설탕 3/4컵(130g), 물엿 2큰술, 꿀 1큰술, 조리는 물 1컵, 소금 약간

만드는 법

1. 도라지는 껍질을 벗기고 소금으로 주물러 쓴맛을 뺀 후 끓는 물에 데친 후 찬물에 헹군다(5분 삶기).
2. 데쳐낸 도라지는 두꺼운 냄비에 담고 분량의 설탕과 물을 자작하게 부어 처음에는 센불에서 끓이다가 끓기 시작하면 불을 약하게 줄이고 뚜껑을 열어 놓은 채 서서히 조리면서 위에 떠오르는 거품을 걷어 낸다.
3. 반쯤 줄어들면 물엿을 넣고 투명해질 때까지 서서히 조리다가 자작해지면 꿀을 넣는다.
4. 꿀물이 남아 있는 상태에서 뒤적이며, 체망에 받쳐 여분의 단물을 제거한다.

Tip

- 도라지는 데치지 않고 날로 바로 조리거나 소금을 넣고 데치면 검게 변색되므로 반드시 식초물에 데쳐 낸다.

동아정과

동과정과(冬瓜正果)라고도 하며 동아의 껍질을 벗기고 속을 파내어 적당한 크기로 썰어 꼬막재가루(사횟가루)와 섞어 두었다가 맑은 물에 우려낸 후 꿀이나 조청으로 조린 것으로 남쪽지방에서는 정과류 중 가장 으뜸으로 친다. 옛부터 동아정과는 만들기가 까다롭고 익히면 쉬 무른다고 〈규합총서, 1815〉에 기록되어 있을 정도로 정성이 많이 들고 아삭아삭한 맛이 일품인 정과이다. 한방에서 동아는 맛이 달고 싱거우며 성질은 서늘하다. 열을 버리고 소변을 잘 나오게 하며 수종, 창만, 각기, 해수, 치루, 소갈증을 치료하며 어독과 주독을 치료한다.

재료 동아 1kg, 꼬막껍질 재가루 20g, 담그는 물 3컵, 조청 3컵, 물 1컵

만드는 법

1. 동아는 서리를 맞아 뽀얗게 흰 가루가 핀 것으로 골라 사방 7~8cm크기로 도톰하게 썰어 껍질을 벗기고 씨와 속을 긁어 낸다.

2. 달구어진 석쇠에 꼬막껍질을 얹고 태우다가 찬물을 끼얹어 사횟(沙灰)가루(꼬막껍질 태운 재)를 만든다.

3. 동아 썬 것을 사횟가루 탄 물에 담그어 하룻동안 살을 단단하게 해 준다(사횟가루에 동아를 굴려 놓기도 한다.).

4. 재가 묻은 동아를 말끔히 씻어낸 다음 맑은 물에 세 시간씩 다섯 차례 정도 물을 갈아 우려낸 다음 끓는 물에 10분 정도 삶아 찬물에 헹구어 둔다.

5. 바닥이 두꺼운 냄비에 삶은 동아를 차곡차곡 담고 3컵 분량의 조청을 동아가 잠길 정도로 넣어 하룻밤 재운다.

6. 아주 약한 불에서 동아가 멍울이 없어질 때까지 오랫동안 서서히 조려 식혀서 작은 단지에 보관하여 두었다가 두꺼우면 먹을 때 납작하게 썰어낸다.

1. 동아 도톰하게 썰기

2. 사횟가루 만들기
3. 사횟가루물에 동아 담그기

4. 동아 우린물 갈아주기

5. 조청 넣고 동아 조리기

Tip

- 동아를 조릴 때 불을 세게하면 부풀어 올랐다가 금방 꺼져 실패하기 쉬우므로 주의한다.
- 사횟가루는 동아를 단단하게 하여 씹을 때 아삭아삭한 식감을 준다.

사과 · 당근 · 단호박정과

사과 · 당근 · 단호박을 설탕시럽에 졸이다가 물엿과 꿀을 넣고 서서히 윤기나게 조려 만든 한과이다. 잔치 때 꼭 만드는 조과로 설탕에 굴려 말린 것을 건정과라고 하며 보통 옆옆이 함께 담아 낸다.

재료

[사과정과] 홍옥(사과) 1개, 설탕 6큰술
[당근정과] 당근 1개, 물엿 1컵, 설탕 1/3컵
[단호박정과] 단호박 300g, 물엿 2컵, 설탕 1/2컵

만드는 법

● 사과정과

1. 사과는 깨끗이 씻어 반으로 갈라 씨부분을 제거한 후 0.3cm 정도 두께로 반달모양으로 썬다.
2. 찜기에 약 3분간 찐 후 한 김 나가면 설탕을 묻혀서 살짝 말린 후 돌돌 말아서 장미꽃 모양으로 만든다.

● 당근정과

1. 당근은 위, 아래 굵기가 비슷한 걸로 손질하여 5각형으로 모양을 내어 돌려 깎거나 모양틀로 찍어서 모양을 만든다.
2. 설탕과 물엿을 섞어 끓여서 뜨거울 때 당근을 담그어 두었다가 건져 시럽을 뺀다.

● 단호박정과

1. 호박을 깨끗이 씻어 껍질째 4등분 해서 얇게 썬다.
2. 끓는 물에 단호박을 살짝 담갔다가 뺀다.
3. 냄비에 물엿과 설탕을 넣어 설탕이 녹을 정도로만 끓인다.
4. 데친 호박을 3에 넣고 바로 불을 끈다.
5. 실온에서 3시간 정도 담가 두었다가 체망에 밭쳐 여분의 시럽을 제거한다.

Tip

• 당근정과 만드는 다른 방법은 물 : 설탕 : 물엿(1/2 : 1 : 1)을 넣고 끓인 시럽에 꽃모양을 낸 약간 시든 당근을 시럽에 잠기도록 하나씩 포개서 담그어 하룻밤 재운다.

연근 · 더덕정과

껍질 벗겨 0.7cm 두께로 둥글게 썬 연근과 통더덕을 끓는 물에 식초를 넣어 데친 후 설탕과 물엿, 꿀을 넣고 서서히 윤기나게 조려 만든 것으로 달짝지근한 맛과 쫄깃하게 씹히는 식감이 일품이다. 또한 윤기나고 투명하게 조려낸 정과를 하나씩 떼어 넓은 쟁반에 설탕을 골고루 펴 담고 굴려서 채반에 널어 말린 것을 건정과라고 한다.

재료

[연근 · 더덕정과] 연근 · 통더덕 각 200g, 데치는 물 각 2컵, 식초 각 1큰술, 설탕 각 3/4컵(130g), 조리는 물 각 $1\frac{1}{2}$컵, 물엿 각 1큰술, 꿀 각 1큰술, 소금 약간

만드는 법

1. 연근은 지름 5cm 정도 되는 가는 것으로 골라서 껍질을 벗겨 0.7cm 두께로 둥글게 썰고, 통더덕은 작은 것으로 골라 껍질을 벗겨 끓는 물에 식초를 넣어 데친 후 찬물에 재빨리 헹구어 낸다.
2. 각각의 냄비에 데친 연근과 더덕을 담고 이들이 잠길 정도의 물을 붓고 설탕과 소금을 넣어 끓인다.
3. 처음에는 센 불에서 끓이다가 끓기 시작하면 불을 약하게 줄이고 뚜껑을 열어 놓은 채 서서히 조리면서 위에 떠오르는 거품을 말끔히 걷어낸다.
4. 반쯤 줄어들면 물엿을 넣고 투명해질 때까지 서서히 조리다가 자작해지면 꿀을 넣고 꿀물이 남아 있는 상태에서 뒤적이며 체망에 받쳐 여분의 단물을 제거한다.

Tip

- 연근은 데치지 않고 날로 바로 조리거나 소금을 넣고 데치면 색이 검게 변색되므로 반드시 식초물에 데쳐 내어야 한다.

한과

숙실과는 과수의 열매나 식물의 뿌리를 익혀서 꿀에 조린 것으로 초(炒)와 란(卵)으로 구분할 수 있다. 초(炒)는 과수의 열매를 통째로 익혀서 원래의 형태가 그대로 유지되도록 윤기나게 조린 것으로 밤초와 대추초를 들 수 있다. 란(卵)은 열매를 익힌 뒤 으깨어 설탕이나 꿀에 조린 다음 다시 원래의 모양으로 빚은 것으로 율란과 조란, 생(강)란 등이 있다. 이들 역시 다과상에 주로 올리며 한 접시에 보통 두세 가지를 옆옆이 담아서 낸다.

숙실과류

밤 · 대추초 • 율란 · 조란 · 생란 • 곶감호두쌈 · 곶감오림

밤 · 대추초

밤과 대추를 손질하여 꿀시럽에 윤기나게 조려 만든 대표적인 숙실과(熟實菓)이다.
초(炒)란 과수의 열매를 손질하여 통째로 꿀물에 윤기나게 서서히 조려 그 형태가 그대로 유지되도록 만든 것으로 〈조선요리제법, 1913〉, 〈조선무쌍신식요리제법, 1943〉 등의 조리서에 만드는 법이 기록되어 있다. 밤과 대추는 자손번창의 의미를 지니며 주로 초로 만들어 한 접시에 어울리게 담아 다과상이나 교자상, 이바지 및 폐백상에 올린다.

재료

[밤초] 밤(껍질 깐 것 200g) 15개, 삶는 물 3컵, 명반 1/4작은술, 설탕 2/3컵, 꿀 2큰술, 소금 약간, 치자물(치자 3개, 물 1컵) 1컵, 물 1컵

[대추초] 대추 25개(50g), 물 2컵, 잣 2큰술, 계핏가루 약간, 설탕 $1\frac{1}{2}$컵, 꿀 2큰술

만드는 법

1. 밤은 속껍질까지 깨끗이 벗겨 치자 우린물에 1시간 가량 담가 두었다가 소금과 명반을 넣은 끓는 물에 살짝 데쳐낸다.

2. 대추는 젖은 행주로 깨끗이 닦은 후 돌려깎기하여 씨를 발라낸다.

3. 각각의 냄비에 데친 밤과 대추를 담고 이들이 잠길 정도로 물을 자작하게 부은 후 분량의 설탕을 넣어 센불에서 끓인다. 이때 색이 나지 않으면 치자 우린물을 더 넣는다.

4. 한번 끓어 오르면 불을 약하게 줄이고 거품이나 위에 뜨는 찌꺼기를 걷어 낸다. 설탕물이 거의 졸면 밤과 대추에 꿀과 계핏가루를 넣고 은근히 윤기나게 조린다.

5. 채반에 담아 여분의 시럽을 뺀 후 대추는 안쪽 부분에 잣을 3개씩 박아 모양을 낸 후 그릇에 보기 좋게 옆옆이 담아낸다.

밤초

1. 깎은 밤 치자물에 담그기

2. 설탕물에 치자물 넣기
3. 설탕물에 조리다가 꿀 넣기

대추초

1. 대추씨 발라내기
2. 설탕물에 조리기

3. 여분의 단물 제거하기
4. 대추에 잣 넣고 아무리기

Tip

- 설탕시럽을 센 불에서 조리면 검어지고 모양이 좋지 않으므로, 약한 불에서 천천히 윤기나게 조린다.
- 설탕시럽을 저으면서 조리면 설탕이 다시 결정화되므로 주의한다.
- 대추에 잣을 처음부터 넣고 조리면 도중에 대추에 있던 잣이 다 빠져 나오기 쉽다.

율란 · 조란 · 생란

율란은 황률이나 밤을 삶아 체에 내리고 꿀과 계핏가루를 섞어 반죽해서 다시 밤모양으로 빚어 만든 것이며, 조란(棗卵)은 대추를 살짝 찐 후 대추살만 곱게 다져 꿀과 계핏가루를 섞어 조린 다음 다시 대추모양으로 만든 것이다.

생란은 강생란(薑生卵), 강란(薑卵) 등으로 불리우며, 생강건지에 설탕과 소금을 넣고 졸이다가 생강녹말과 꿀을 넣어 엉기게 한 후, 식혀서 생강 모양으로 빚어 잣가루를 묻힌 것으로 생강의 매운맛과 시럽의 단맛, 잣의 고소함이 알싸한 생강향과 어울려 절묘한 맛의 조화를 이룬다.

란(卵)은 열매를 익힌 뒤 으깨어 설탕이나 꿀에 조려 다시 본래의 형태와 비슷하게 빚어 만든 것으로 보통 한 접시에 옆옆이 담아 교자상이나 다과상에 올린다.

재료

[율란] 밤 15개(300g), 계핏가루 1작은술, 삶는 물 2컵, 꿀 2큰술, 잣가루 2큰술

[조란] 대추 30개(60g), 계핏가루 1/2작은술, 꿀 2큰술, 잣 2큰술, 설탕 2큰술, 물 4큰술, 소금 약간

[생란] 생강(갈아서 물기 빼면 150g) 200g, 물 1/2컵, 설탕 1/2컵, 조청(물엿) 2큰술, 꿀 1큰술, 생강녹말 1작은술, 잣가루 1/2컵

만드는 법

율란

1. 밤은 푹 삶거나 쪄서 껍질을 벗기고 뜨거울 때 으깨어 체에 내린 후, 계핏가루와 꿀을 넣고 고루 섞어 한 덩어리로 꼭꼭 뭉쳐지게 반죽한다.
2. 반죽을 조금씩 떼어 밤 모양으로 빚은 다음 잣가루나 계핏가루를 골고루 묻힌다.

조란

1. 대추는 씨를 발라내고 찜통에 쪄 낸 다음 살을 곱게 다진다.
2. 냄비에 분량의 물과 설탕, 다진 대추를 넣고 약한 불에서 조리다가 꿀과 계핏가루를 넣고 주걱으로 저으면서 조린 다음 덩어리지게 뭉쳐 놓는다.
3. 대추 반죽을 조금씩 떼어 대추모양으로 빚고, 끝 부분에 잣을 하나씩 박는다.

생란

1. 생강은 깨끗이 씻어 껍질을 벗기고 얇게 저며 믹서나 강판에 생강이 갈릴 정도로만 물을 부어 곱게 간다.
2. 갈은 생강을 체에 내려 맑은 물이 나올 때까지 헹구어 자배기나 오지 그릇에 담아 생강녹말을 가라 앉힌다.
3. 냄비에 물에 씻은 생강 건지를 넣고 분량의 물과 설탕을 넣어 센 불에서 끓인다. 도중에 생기는 거품은 걷어 내면서 약한 불에서 계속 조린다. 반 정도로 줄어 들면 조청을 넣고 다시 조린다.
4. 거의 다 조려서 물기가 조금 남았을 때, 꿀과 받아 놓은 생강녹말을 넣고, 고루저어 엉기게 한 후 완전히 식힌 다음 뿔이 세 개 달린 생강 모양으로 빚어 먹기 직전 잣가루를 고루 묻혀낸다.

율란

1. 으깬 밤에 꿀과 계핏가루 넣어 반죽하기
2. 밤모양으로 빚어 고물 묻히기

조란

1. 대추씨 발라 찜통에 찌기
2. 설탕물에 다진 대추 넣고 조리기

3. 대추모양으로 만들어 잣 박기

생란

1. 생강건지 졸이다가 녹말 넣기
2. 녹말 넣어 엉기도록 조리기
3. 잣고물 묻히기

Tip

• 생강건지를 끓일 때 생기는 거품은 계속 걷어 내어야 생란이 맑고 투명하다.

곶감호두쌈 · 곶감오림

곶감의 씨를 뺀 후 가운데에 호두를 넣고 말아서 도톰하게 썬 것으로 모양이 아름다울 뿐만 아니라 달콤하고 고소한 맛이 곶감의 쫄깃함과 잘 어우러져 입속에 남는 여운이 일품인 건과이다.
곶감오림은 곶감을 4등분하여 씨를 제거한 후 칼집을 넣고 잣을 박아낸 것으로 곶감호두쌈과 함께 주로 정월의 다과상이나 교자상에 올리면 그 화려함으로 한층 빛나는 상차림이 된다.

재료 곶감 6개, 호두 6개, 잣 1큰술, 꿀 약간

만드는 법

1. 곶감은 말랑말랑한 것으로 준비해 한쪽만 갈라서 씨를 뺀다.

2. 호두는 뜨거운 물에 불려 떫은 맛을 뺀 후 속껍질과 단단한 심을 제거한다.

3. 씨를 뺀 곶감은 몸을 반듯하게 편 후 호두를 그 자리에 넣고 꼭꼭 말아 끝을 잘 아무린 후 0.4cm 두께로 썬다.

4. 곶감오림은 곶감을 4등분하여 씨를 제거한 후 칼집을 2개 정도씩 넣고 살짝 비튼 후 각각의 자리마다 잣을 1개씩 박아서 모양을 낸다.

곶감호두쌈

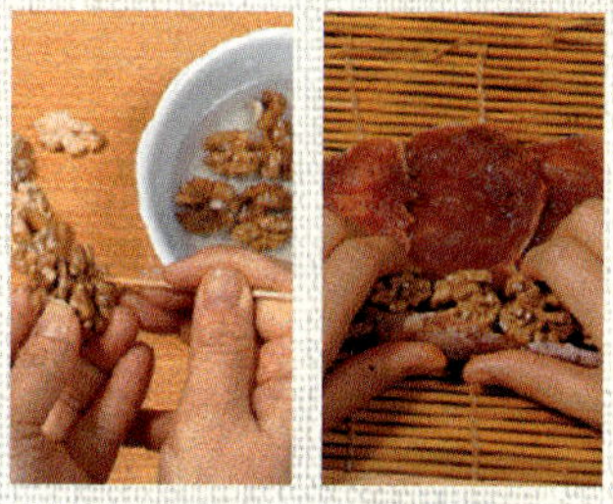

1. 뜨거운 물에 불린 호두 껍질 벗기기
2. 편 곶감에 호두 가지런히 올리기

3. 곶감에 호두 넣어 말기

4. 말은 곶감호두쌈 썰기

곶감오림

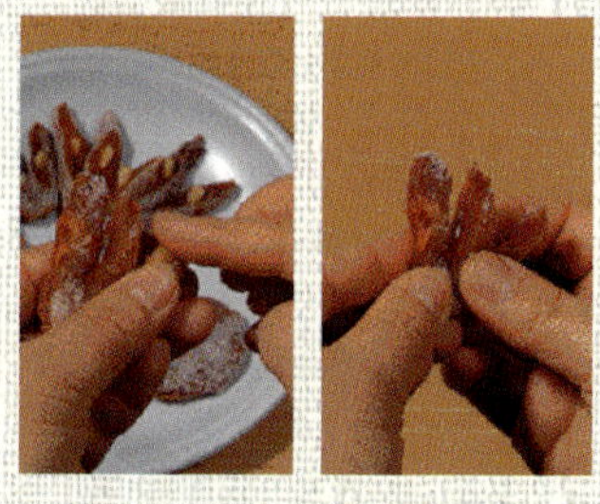

1. 4등분한 곶감 칼집넣기
2. 비튼 곶감에 잣 박기

Tip

- 표면에 있는 흰 가루가 많은 곶감이 좋은 것이며 이 흰 가루를 시상(柿霜) 또는 시설(柿雪)이라고 한다.
- 호두는 떫은 맛을 우려내기 위하여 뜨거운 물에 불려 껍질을 벗기거나 뜨거운 물을 끼얹어 낸다.

한과

다식은 날로 먹을 수 있는 것들을 가루로 내어 꿀로 반죽하여
다식판에 박아낸 것으로 주로 차를 마실 때 곁들이는 과자이다.
다식은 유밀과처럼 일반화되지는 않았으나 나라의 대연회에
사용했고 혼례상이나 회갑상, 제사상 등 의례상에는 반드시 올렸다.
수(壽), 복(福), 강(康), 령(寧)의 인간의 복을 비는 글귀를 비롯해서
꽃무늬, 수레바퀴 모양, 나비, 새, 물고기, 완자무늬에 이르기까지
조각의 모양새가 정교한 다식의 특징은 다식판의 그 정교한 문양에 있다.
과편은 주로 과일즙 또는 과일을 삶아 거른 즙에 설탕이나
꿀을 넣고 조리다가 녹말물을 넣어 엉기도록 한 다음 그릇에 쏟아
식힌 다음 편으로 썬 것이다.
새콤달콤한 맛과 아울러 목구멍에 넘어갈 때의 말랑말랑하고
매끄러운 질감은 일품이다.

다식·과편류

오방색다식 • 건강다식류 • 오미자·키위·유자편 • 팥양갱

오방색다식

청색, 적색, 황색, 흰색, 검정색을 나타내는 청태, 오미자녹말, 송화가루, 백설기, 흑임자가루 등을 꿀로 반죽하여 뭉쳐서 다식판에 넣고 갖가지 모양이 나오게 박아낸 것으로 차(茶)와 가장 잘 어울리는 과자이다. 다식은 맛 뿐만 아니라 수복강녕(壽福康寧), 부귀다남(富貴多男)의 글귀나 꽃, 무병장수를 뜻하는 물고기, 거북, 새들의 복을 기원하는 뜻의 문양들이 새겨져 있어 혼례상이나, 회갑상, 제사상 등의 의례상에는 반드시 올리던 과자이다.

재료

[흑임자다식] 흑임자가루 1컵, 꿀 1$\frac{1}{2}$큰술, 소금 약간
[오미자다식] 녹두녹말 1컵, 오미자물 2큰술(오미자 1/3컵 · 물 1컵), 꿀 2작은술, 설탕 1큰술
[백설기다식] 백설기가루 1컵, 꿀 3큰술
[송화다식] 송홧가루 1컵, 꿀 5큰술
[청태다식] 푸른콩가루 1컵, 꿀 3큰술, 소금, 약간

만드는 법

1. 흑임자는 볶아 가루를 내어 체에 내린 후 분량의 꿀과 소금을 넣고 고루 섞어 찜통에 살짝 쪄내어 절구에 넣고 기름이 생길 때까지 찧어 기름을 짜내 버리고 다식판에 꼭꼭 눌러 박아낸다.

2. 송화가루에 분량의 꿀을 넣고 고루 석어서 한 덩어리가 되도록 반죽하여 다식판에 꼭꼭 눌러서 박아낸다.

3. 푸른콩은 한번 쪄서 볶아 가루내어 분량의 꿀과 소금을 넣고 반죽하여 다식판에 꼭꼭 눌러서 박아낸다.

4. 녹두 녹말가루에 오미자 우린물과 설탕 꿀을 넣고 처음에 젓가락으로 젓다가 어느 정도 뭉쳐지면 손으로 반죽하여 랩을 깐 다식판에 꼭꼭 눌러서 박아낸다.

5. 쌀가루를 쪄서 만든 백설기는 말려 가루내어 꿀을 넣고 반죽하여 다식판에 꼭꼭 눌러서 박아낸다.

1. 흑임자가루에 꿀 넣고 버무리기
2. 찜통에 충분히 찌기

3. 기름이 나오도록 절구에 찧기
4. 오미자물 우리기

5. 녹말에 오미자물 들이기

6. 다식판에 눌러서 박아 내기

Tip

- 다식을 만들 때 사용하는 꿀은, 아카시아 꽃 등의 옅은색의 꿀을 넣어야 재료 그 자체의 맛과 향기를 살릴 수 있고, 색도 제 색을 낼 수 있다.
- 꿀은 각 재료에 따라 수분을 지닌 정도가 다르므로 가루에 조금씩 넣고 처음에는 젓가락 여러개를 잡고 섞다가 고루 엿물이 섞이면 어우러지는 정도를 보아가며 손으로 반죽한다.

건강다식류

북어포나 육포, 새우 등의 동물성 식품 뿐만 아니라 솔잎, 인삼, 산마 등의 약재를 꿀로 반죽하여 다양한 문양의 다식판에 박아낸 일종의 건강기능성의 과자이다.

〈삼국유사, 1285〉에 찻잎 가루로 다식을 만들어 제사상에 올린 데서부터 시작되었다고 한 이래로 〈규합총서, 1815〉, 〈아언각비〉, 〈음식디미방, 1670〉, 〈조선요리제법〉 등에 여러가지 재료를 이용한 다양한 다식의 제법이 기록되어 있다.

재료 **[북어포 · 새우 · 육포다식]** 북어 보푸라기 · 새우가루 · 육포가루 각 1컵, 꿀 각2큰술
[녹차다식] 녹차가루 1컵, 꿀 4큰술 소금 약간
[자색고구마다식] 자색 고구마가루 1컵, 꿀 4큰술, 소금 약간
[산약다식 · 인삼다식] 산약(마), 인삼가루 각 1컵, 꿀 각 3큰술, 소금 약간
[솔잎다식] 솔잎가루 1/3컵, 볶은노란콩가루 2/3컵, 꿀 4큰술, 소금 약간

만드는 법

1. 북어포와 육포, 새우는 각각 곱게 가루를 내어 고운 체에 내려서 분량의 꿀을 넣고 반죽하여 다식판에 꼭꼭 눌러서 박아낸다.

2. 인삼가루, 녹차가루, 자색고구마가루, 산약가루는 각각 분량의 꿀과 소금을 넣고 한 덩어리가 되도록 반죽하여 참기름을 묻혀 닦아낸 다식판에 넣어 꼭꼭 눌러서 박아낸다.

3. 솔잎가루에 볶은 노란 콩가루를 섞어 분량의 꿀과 소금을 넣고 한 덩어리가 되게 반죽하여 다식판에 꼭꼭 눌러서 박아낸다.

1. 강판에 북어 갈기
2. 북어 보푸라기에 꿀 섞기

3. 보푸라기반죽 다식판에 박아내기
4. 가루낸 육포가루에 꿀 섞기

5. 육포반죽 다식판에 박아내기
6. 산약, 인삼반죽 다식판에 박아내기

7. 녹차(자색고구마, 솔잎)반죽 다식판에 박아내기

Tip

- 다식판은 참기름을 묻혀 닦아내거나 랩을 깔고 사용한다.
- 참기름 양이 너무 많으면 다식이 제 모양을 내지 못하고 흩어지기 쉽다.

오미자 · 키위 · 유자편

오미자 우린물, 키위 삶아 으깬 즙, 유자 삶아 으깬 즙에 설탕, 녹말, 소금을 넣고 잘 풀어 약한 불에서 나무주걱으로 천천히 저어 엉기게 하여 네모난 틀에 쏟아서 식혀 굳힌 것이다. 색의 아름다움과 하늘하늘한 촉감으로 입안에서 차갑게 녹아들며 새콤한 맛이 상쾌하게 느껴지는 묵 형태의 과자이다. 과일로 만든 과자라는 뜻의 과편은 계절을 가장 잘 나타낼 수 있으며 특히, 오미자편은 계절에 관계없이 언제라도 만들 수 있다는 점이 돋보인다.

재료 오미자 물 1컵, 키위 물 6개, 유자 3개, 녹두(동부) 녹말물 각 1/2컵, 설탕 각1컵, 꿀 각 3큰술, 소금 각 1/8작은술, 레몬 즙 약간

만드는 법

1. 오미자는 씻어 건져 끓여 식힌 물에 하룻동안 우렸다가 면보에 받쳐 오미자국물을 준비한다. 키위와 유자는 껍질을 벗기고 으깨어 고운 체에 받쳐 과즙을 얻는다.

2. 녹두녹말은 물에 풀어서 고운 체에 받쳐 놓고, 오미자국물, 키위즙, 유자즙에 설탕과 소금, 레몬즙을 넣고 살짝 끓인 후 녹말물을 부어 잘 저으면서 은근히 끓인다.

3. 녹말이 말갛게 익으면 꿀을 넣고 잠시 더 끓인다.

4. 뚝뚝 떨어지는 젤리상태의 농도가 되면 불을 낮추고 뜸을 들여 물을 바른 네모진 그릇에 쏟아부어 한 김이 나가면 냉장고에 넣어 굳힌다.

5. 묵처럼 굳어지면 모나게 썰거나 모양틀로 찍어 접시에 담는다.

1. 오미자 우려 거르기
2. 오미자물에 녹말물 넣기

3. 키위에 레몬즙 뿌리기
4. 키위즙 거르기

5. 키위즙에 녹말물 넣기
6. 유자차 이용하여 유자즙 얻기

7 유자즙에 녹말물 넣기
8. 물 바른 틀에 끓인 유자편 붓기

Tip

- 과즙에 레몬즙을 첨가하면 변색을 방지하고 고유의 색을 유지한다.
- 기호에 따라 과즙과 설탕의 양을 가감할 수 있다.
- 은근한 불에 오래 끓여야 과편이 탄력 있고 윤기가 난다.
- 식으면 되직해지므로 뜨거울 때의 농도가 약간 묽은 상태에서 불에서 내린다.

팥양갱

붉은 팥앙금에 해조류의 일종인 한천과 설탕을 넣고 졸여낸 것으로 어린 날의 추억을 담고 있는 과자이다. 아이들의 간식이나 등산, 여행 시 비상 식량으로 많이 애용되며 가장 흔하게 볼 수 있는 것이 붉은 팥양갱이지만 흰 팥앙금이나 완두앙금을 이용하여 흰색이나 연두색의 양갱을 만들 수 있다.

재료 붉은 팥앙금(시판용) 500g, 설탕 1/2컵, 물엿 1큰술, 한천 10g(가루한천 1큰술), 물 $1\frac{1}{2}$컵, 당조림 밤 5개, 소금 약간

만드는 법

1. 한천은 물에 담가 불려서 덩어리가 없도록 끓인 다음 고운 체에 거른다.

2. 한천 녹인물에 붉은 팥앙금과 설탕을 넣고 잘 섞은 후 불에 올려 밑이 눋지 않도록 계속 저으면서 끓인다.

3. 잠시 더 조려 불에서 내리기 전에 물엿과 소금을 넣어 한소끔 더 끓이다.

4. 굳힐 틀의 안쪽에 물을 발라주고 조린 양갱을 부어 단단해질 때까지 실온이나 냉장고에서 굳힌다.

5. 양갱이 완전히 굳으면 틀을 엎어서 뺀 후 적당한 크기로 썰거나 모양틀로 찍어낸다.

1. 한천 물에 불리기
2. 한천 녹인물 끓이기

3. 한천 녹인물에 팥앙금과 설탕 넣기

4. 설탕과 팥앙금 넣어 끓이기

5. 물바른 틀에 팥앙금 부어 굳히기

Tip

- 틀에 붓기 전 당조림밤(밤초)을 띄엄띄엄 놓고 끓인 앙금을 부어 밤초가 섞인 팥양갱을 만들 수 있다.
- 과즙이나 앙금에 녹말을 첨가하여 굳히면 편, 한천을 첨가하여 굳히면 양갱, 젤라틴을 첨가하여 굳히면 젤리가 된다.

한과

엿강정은 여러 가지 견과류나 곡식을 볶거나 따끈하게 데워서
설탕, 물엿, 조청을 끓인 시럽에 버무려 서로 엉기게 한 다음
반대기를 지어서 약간 굳으면 모양내어 썬 것이다.
주로 곡물의 씨앗을 재료로 쓰므로 영양학적으로도
손색이 없는 한과이다.
엿은 곡식에 엿기름을 섞어 당화시켜 조린 것이며
당(糖)은 설탕을 여러 모양으로 고형화시킨 것이므로
결혼이나 회갑연의 큰상차림에는 반드시 엿과 당이 차려졌으나
가정에서 만들기보다는 대부분 전문점에서 구입하는 경향이 있다.

엿강정류·엿

쌀엿강정 • 깨엿강정 • 호두강정 • 견과류강정 • 땅콩·잣엿강정 • 콩강정 • 백당

쌀엿강정

쌀로 고두밥을 지어 말려 튀긴 뒤, 엿물에 버무려 반대기를 지어 굳힌 것으로 우리에게 가장 친숙하고도 전통적인 서민적인 한과이다. 삼색을 내고자 할 때는 버무리는 물엿에 치자 우린물, 오미자 우린물, 파래가루 등의 천연 색소를 넣어서 대추나 석이버섯, 잣으로 색스럽게 고명을 올려 다양한 맛을 낸다. 쌀엿강정은 지방에 따라 일명 '밥풀강정'이라고도 하며 설명절에 집집마다 반드시 만들어 먹던 유년의 행복이 담겨 있는 과자이다.

재료

멥쌀 3컵, 물 20컵(말린 쌀 3컵, 튀긴 쌀 15컵), 다진 땅콩 1.5컵

[시럽] 설탕 1컵, 물엿 1컵, 물 3큰술, 튀김기름 1L

[푸른 색] 튀긴 쌀 3컵, 마른 파래가루 1/2큰술, 시럽 1/3컵, 땅콩 다진 것 1/3컵

[붉은 색] 튀긴 쌀 3컵, 백년초 가루 1/2큰술, 시럽 1/3컵, 땅콩 1/3컵, 대추 5개

[노란 색] 튀긴 쌀 3컵, 치자물 1큰술, 시럽 1/3컵, 땅콩 1/3컵

[흰 색] 튀긴 쌀 3컵, 시럽 1/3컵, 땅콩 1/3컵

[고명] 대추 5개, 호박씨 1큰술, 석이버섯 5g, 잣 1큰술

만드는 법

1. 멥쌀은 깨끗이 씻어 불린 후 물에 넣고 삶아, 쌀알이 퍼지기 직전에 꺼내어 찬물에 여러 번 헹군다. 마지막에 소금물에 한번 더 헹구어 채반에 망사를 씌워 붙지 않게 널어 말린다.

2. 말린 쌀알을 200℃의 기름에 넣고 나무주걱으로 계속 휘저으면서 튀겨 활짝 일어나면 튀김망에 건져 기름을 완전히 빼 놓는다.

3. 대추는 씨를 발라 내고 대추채나 대추꽃을 만든다. 설탕에 재워 둔 유자채는 건져 잘게 다진다.

4. 물엿과 설탕물을 넣고 끓인 후 각각의 냄비에 나누어 담고, 불린 파래가루, 백년초가루, 치자 우린물을 넣고 은근한 불에서 실이 나도록 조린다

5. 튀긴 쌀에 불린 파래가루, 다진 유자, 대추채를 각각 나누어 넣고 나무주걱으로 잘 섞어서 한 덩어리가 되도록 버무린다.

6. 엿강정틀에 식용유를 바른 비닐을 깔고 버무린 밥알을 쏟아 붓고 비닐을 덮고 밀대로 밀어 편다. 대추꽃, 석이버섯, 호박씨, 잣 등으로 고명을 올린 다음 모양이 잡힐 정도로 식으면 굳기 전에 두께 2cm로 네모지게 썬다.

1. 소금물에 헹군 밥알 말리기
2. 말린 밥알 튀기기

3. 끓인 엿물의 농도 확인
4. 엿물에 버무리기

5. 모양 잡으면서 밀기

6. 완전히 굳기 전에 썰기

Tip

- 튀긴 쌀에 엿물이 고루 배어 한 덩어리가 되도록 섞어서 굳혀야 잘 붙고 조직이 치밀하다.
- 쌀엿강정의 물엿과 설탕 비율은 1 : 1, 버무릴 재료의 양과 시럽의 비율은 8 : 1이 적당하다.
- 만들어 둔 엿물은 굳지 않도록 중탕하면서 사용한다.
- 말린 쌀을 튀기면 5배 불어난다.

깨엿강정

참깨, 들깨, 흑임자를 각각 씻어 일어 타지 않게 볶은 것을 뜨거운 엿물에 넣고 버무려 밀어 굳힌 다음 여러가지 모양으로 잘라낸 것으로 주로 겨울철에 많이 먹는 전통적인 한과이다. 설날에 웃어른들에게 세배 드리면 선물로 내주었던 엿강정은 고소하게 씹히는 맛과 입안에 남는 달콤함으로 오랫동안 추억에 남는 귀한 음식이었다.

재료

참깨 2컵, 검정깨 2컵, 들깨 2컵, 호두 5개

[고명] 대추, 호박씨 적당량

[엿물] 설탕 $1\frac{1}{2}$컵, 물엿 $1\frac{1}{2}$컵, 물 2큰술

만드는 법

1. 참깨는 찬물에 불려서 나일론 망에 넣고 문질러 껍질을 벗겨낸 후 건져 물기가 빠지면 기름 두르지 않은 프라이팬에서 색이 나지 않게 통통하게 볶는다.
2. 검정깨와 들깨는 씻어 인 다음 체에 받쳐 물기를 뺀 후 프라이팬에 볶는다.
3. 냄비에 물과 설탕을 넣고 끓이다가 설탕이 녹으면 동량의 물엿을 넣고 약한 불에서 실이 날 정도로 끓인다.
4. 뜨거운 엿물에 볶은 깨(1 : 5)를 데워서 넣고 한 덩어리가 될 때까지 재빨리 버무린다.
5. 엿강정 틀에 비닐을 깔고 버무린 깨를 쏟아 놓고 대추와 호박씨로 고명을 올리고 기름 바른 밀대로 밀어서 0.7cm 두께로 판판하게 민다.
6. 완전히 굳기 전에 마름모꼴로 썰거나 둥글게 말은 강정을 0.8cm 두께로 썬다.

Tip

• 버무릴 재료는 몸을 따끈하게 데워서 뜨거운 엿물에 넣어야 엿이 고루잘 스며들어 서로 잘 붙고 조직이 치밀하다.

호두강정

뜨거운 물에 담가 떫은 맛을 뺀 호두를 설탕시럽에 조려서 기름에 튀겨내는 것으로 윤기나는 강정의 자태뿐만 아니라 고소하고 달콤한 맛이 오랫동안 입안 가득히 남는 다과상에 차와 함께 올리는 귀한 과자이다. 한방에서 호두는 맛이 달고 성질은 따뜻하며 독이 없다. 천식과 해수를 멎게 하고 소변이 잦고 잘 나오지 않으며 요통을 치료하는 효능이 있는 것으로 알려져 있다.

재료

깐 호두 100g, 설탕 1/2컵, 물 1/2컵, 꿀(물엿) 2큰술, 튀김기름 적당량

만드는 법

1. 호두는 뜨거운 물에 10분 정도 담가 두어 떫은 맛을 없앤다.
2. 냄비에 손질한 호두, 설탕, 물을 붓고 물이 반으로 줄어들 때까지 중불에서 조리다가 꿀을 넣고 계속 조린 후 체에 쏟아서 물기를 완전히 뺀다.
3. 팬을 달군 다음 기름을 넣고 160℃가 되면 2의 조린 호두를 넣어서 호두에서 기름이 빠지도록 노릇하게 튀긴다.
4. 튀겨낸 호두는 기름을 완전히 빼고 식은 후에 그릇에 담는다.

Tip

- 호두는 떫은맛을 제거하기 위해 뜨거운 물에 담가 두어야 한다.
- 호두를 튀길 때 튀김기름의 온도가 높으면 쉽게 새까맣게 타버리므로 반드시 낮은 온도에서 튀겨야 한다.

견과류강정

다진 견과류를 마른 팬에 볶은 후 설탕시럽에 넣어 버무려 바삭하게 굳혀 내어 만든 주전부리의 백미라고 해도 과언이 아니다.

재료

땅콩 · 피스타치오 · 통아몬드 · 해바라기씨 1컵씩, 대추 3개, 시럽 3큰술, 식용유 약간

[시럽] 물엿 1/2컵(140g), 설탕 1/2컵(85g), 물 1.5큰술, 소금 약간

만드는 법

1. 땅콩, 피스타치오, 통아몬드, 해바라기씨는 굵게 다진다.
2. 1을 체에 쳐서 고운 가루는 털어낸다.
3. 냄비에 물엿, 설탕, 물, 소금을 넣고 끓인 뒤 굳지 않도록 중탕한다.
4. 2의 견과류를 넣고 팬에 볶아 따뜻하게 한 후 3의 중탕한 시럽을 넣어 버무린다.
5. 4를 식용유 바른 비닐에 싸서 네모나게 모양을 잡고 편평하게 민 다음 스틱 모양으로 썬다.

1. 다진견과류와 시럽 섞기

2. 비닐깐 틀에 넣고 고르기

Tip

• 다진 견과류는 마른 팬에 볶아야 고소한 맛을 살릴 수 있다.

땅콩 · 잣엿강정

땅콩과 잣을 뜨거운 엿물에 버무려 한 덩어리로 밀어 반대기를 지어 대추와 석이채, 호박씨 등으로 고명하여 약간 굳었을 때 모양내어 썬 과자이다. 우아하고 귀한 자태에 고소한 맛과 달콤한 맛이 잘 어우러진 귀한 손님상이나 다과상에 올리던 전통적인 고급 한과이다. 〈오주연문장전산고〉, 〈음식법〉, 〈조선무쌍신식요리제법〉등의 고조리서에는 잣강정을 다른 말로 잣박산, 백잣편 등으로 부르고 있다.

재료

잣 2컵, 땅콩 2컵

[엿물] 설탕 1/2컵, 물엿 1/2컵, 식초 1작은술, 소금 약간, 물 $1\frac{1}{2}$큰술

[고명] 대추 5개, 석이버섯 5장, 호박씨 1큰술, 꿀 1큰술, 식용유 2큰술

만드는 법

1. 잣은 고깔을 떼고, 땅콩은 껍질을 벗겨 길이로 반을 자르고 다시 반을 쪼갠다.
2. 설탕에 물을 넣고 끓이다가 설탕이 녹으면 물엿을 넣고 불을 약하게 하여 양이 반정도로 줄여 엿물을 만든다.
3. 각각의 마른 팬에 잣과 땅콩을 넣고 몸이 데워지도록 볶다가 엿물 끓인 것을 넣고 잘 섞이도록 나무주걱으로 재빨리 저어 뭉친다.
4. 도마에 기름 바른 비닐을 깔고 엉긴 엿강정을 쏟아 0.5cm 두께로 재빨리 편편하게 민다.
5. 강정 윗면에 대추채, 석이버섯채, 호박씨 등을 뿌려 밀어서 반쯤 굳어지면 네모나 마름모꼴로 자른다.

Tip

- 땅콩 · 잣엿강정을 만들 때 엿만 넣으면 물러서 굳어지지 않고, 설탕만 넣으면 금방 굳어 딱딱해지므로, 설탕과 물엿에 물을 섞어 엿물을 잘 만들어 사용해야 한다.
- 여름에는 엿강정이 금방 녹아 흐물흐물하고 잘 굳지 않으므로 설탕의 양을 약간 많게 한다.

콩강정

뻥튀기한 콩을 설탕시럽에 넣고 졸여낸 달콤하면서도 고소한 맛이 일품으로 특히 콩을 싫어하는 아이들을 위해 추천하는 영양간식이다.

재료

검은콩(또는 흰콩 3컵), 설탕 40g, 백년초가루 섞은 물 20g

[색 재료] 백년초가루 · 녹차가루 · 물 적당량씩

만드는 법

1. 검은콩(또는 흰콩)을 젖은 행주로 닦아 바짝 말린 다음 뻥튀기 해온다.
2. 냄비에 설탕과 백년초가루를 섞은 물을 넣어 중불에서 끓인다.
3. 시럽이 끓으면 불을 줄이고 뻥튀기한 콩을 넣어서 콩과 시럽이 어우러질 때까지 고루 저은 후 불을 끈다.
4. 불을 끈 상태에서 콩의 표면이 하얗게 될 때까지 볶아 완성한다.

1. 시럽에 콩 넣고 조리기

2. 저어가며 하얗게 시럽결정 만들기

Tip

- 시럽을 만들 때 원하는 가루로 색을 낸 물을 넣으면 알록달록한 콩강정을 만들 수 있다(치자물, 녹차가루, 흑임자가루 등을 이용).

백당

엿기름물에 고두밥을 넣고 삭혀서 베자루에 넣고 짠 다음 오랫동안 끓여 낸 것으로 묽은 것은 조청이라 하고 더 오래 조려서 굳힌 것은 갱엿이다. 갱엿이 되기 직전에 내려 더운 방에서 두 사람이 마주 잡고 엿덩이를 잡아 늘였다가 다시 붙잡는 이 과정을 계속하면 진한 색의 엿이 점점 흰색으로 변한다. 엿에 공기가 많이 들어 갈수록 엿의 색이 희고 구멍이 큰 엿가락이 되며 가운데를 분질러서 엿가락 시합을 했던 추억의 한과이다.

재료

쌀(찹쌀) 4kg, 엿기름 400g(쌀무게의 10%), 물 4L, 콩고물 2/3컵

만드는 법

1. 쌀(찹쌀)은 고두밥으로 쪄서 뜨거울 때 넓은 양푼에 쏟아서 한 김 식힌다.
2. 엿기름은 물을 부어 주물러서 그대로 가만히 두어 앙금이 가라 앉은 후 맑은 윗물만 따라 낸다.
3. 고두밥과 2의 엿기름물을 섞어 보온밥통(60~65℃)에 넣어 밥알이 동동 떠오를 때까지 삭혀 베주머니에 넣고 짠다.(8시간)
4. 처음에는 센 불에서 팔팔 끓이다가(4시간) 점차 잔 거품이 나타나고 누르스름해지면 불을 약하게 해서 4시간 정도 더 조린다. 거품이 커지면서 조개 만한 거품이 나타나는데 이 상태가 조청이다.
5. 4의 상태에서 1시간 정도 더 조린 엿덩이를 마주 잡고 계속 늘였다가 다시 붙잡아 주는 과정을 여러번 반복하여 알맞은 굵기로 늘린 다음 서로 붙지않게 콩고물을 묻힌다.

음청류

차는 〈임원십육지〉에 "사람에게 유익한 재료를 끓여서 마시는 것으로 구기자차, 국화차, 모과차, 오과차, 귤강차 등 이들 모두가 차의 이름을 지니고 있지만 실제로는 탕에 속하는 것이다."라고 기록되어 있다.

탕은 꽃이나 과일 말린 것 등 여러 가지 향약재를 끓여 마시는 것과 향약재를 가루내어 끓이거나 오랫동안 졸여서 고(膏)를 만들어 저장해 두고 타서 마시는 음료를 말한다.

차·탕류

오과차 • 길경차 • 생맥산 · 미삼차 • 봉수탕 • 구기자차 · 제호탕

오과차

황률 · 대추 · 은행 · 호두 · 모과 또는 생강 · 인삼 · 계피 등 그 계절에 나는 과실류나 형편에 맞게 다섯 가지 과실을 푹 달여 받쳐서 꿀이나 설탕을 타서 마시는 우리나라 전통의 약용차로 신체가 허약하여 감기에 자주 걸리고 기침이 잦을 때 꿀을 타서 마시면 좋은 보양음료이다.

오과차는 예로부터 자양강장, 피로회복, 영양보충에 효과적인 것으로 알려져 있으며 병후의 환자나 임산부의 회복을 위한 차로 적합하다.

재료

마른 모과 50g, 대추 20개, 황률 20개, 은행 20개, 호두 10개, 꿀 1/2컵, 잣 1큰술, 물 20컵

만드는 법

1. 은행은 겉껍질을 벗기고 프라이팬에 볶거나 찜통에 쪄서 속껍질을 벗겨 놓는다.
2. 황률은 절구에 넣고 3~4등분 정도 되게 찧는다. 호두는 겉껍질을 벗기고 뜨거운 물에 담구어 떫은 맛을 제거한다.
3. 주전자나 법랑 냄비에 준비한 재료와 물을 붓고 약한 불에서 푹 달인 후 면보에 걸러 찻잔에 붓고 꿀을 넣은 다음 잣을 띄워 낸다.

Tip

- 차를 끓일 때는 도자기, 법랑, 유리재질의 주전자나 냄비를 사용해야 맛과 색의 변함이 없다.
- 황률은 속껍질까지 벗긴 말린 밤을 말하며, 성질은 따뜻하고 맛은 짜며 독이 없다. 또한 기(氣)를 더하고 위(胃)를 보호해주며 콩팥을 튼튼하게 해준다.

길경차

말린 도라지와 감초를 넣고 푹 달여서 꿀을 타서 마시는 음료로 옛부터 민간요법으로 친숙한 전통적인 약용차이다. 길경이란 말린 도라지를 말하며 맛은 쓰고 매우며 성질은 평(平)하다. 감기에 의한 기침, 목구멍이 붓고 아플 때, 가슴이 그득하고 옆구리가 아픈 경우, 이질에 의한 복통을 치료하는 효능이 있다.

재료

길경 20g, 감초 4g, 꿀 2큰술, 물 5컵

만드는 법

1. 길경과 감초는 깨끗이 씻어 준비한다.
2. 두꺼운 주전자나 법랑 냄비에 길경과 감초를 넣고 물을 넣어 푹 달인다.
3. 팔팔 끓기 시작하면 불을 줄여 뭉근히 끓인 다음 체에 받쳐 찻잔에 따르고 꿀을 타서 마신다.

Tip

• 감초는 맛은 달고 성질은 평하며 독이 없다. '약방의 감초'라고 불릴 정도로 어느 약물과도 배합이 잘 되어 중화작용을 한다. 생것은 목구멍이 붓고 아프며 소화성 궤양, 약물이나 식중독에 효능이 있으며, 구운 것은 비위가 허약하거나 식욕부진, 발열, 폐결핵에 의한 해수, 심계항진에 효능이 있다.

생맥산 · 미삼차

맥문동, 인삼, 오미자를 물에 달여서 여름에 물대신 마시는 음료로 「동의보감」에 의하면 '사람의 기(氣)를 도우며 심장의 열을 내리게 하고 폐를 깨끗하게 하는 효능이 있다.' 고 한다.
잔뿌리 인삼, 대추, 황률에 좁쌀을 넣고 끓여 체에 받친 후 마시는 음료로, 오장(五臟)의 기(氣)가 모자라는 것을 보충해주고 정신을 편안히 하고 마음을 열며 지혜를 더해 주는 효능이 있는 것으로 알려져 있다.

재료

[생맥산] 맥문동 40g, 건삼 20g, 오미자 20g, 황기 3g, 감초 3g, 물 20컵, 꿀 적당량
[미삼차] 잔뿌리 인삼 100g, 대추 10개, 황률 5개, 좁쌀 2큰술, 물 20컵, 잣 1큰술, 꿀 적당량

만드는 법

1. 생맥산은 잘게 썬 인삼, 맥문동, 오미자를 가볍게 물에 헹군 뒤 두꺼운 주전자나 법랑 냄비에 물을 붓고 함께 넣어 푹 달여 내어 면보에 거른다.
2. 미삼차는 두꺼운 냄비에 잔뿌리가 떨어지지 않도록 깨끗이 씻은 미삼과, 씻어 일어 물기를 뺀 좁쌀, 대추, 황률을 물과 함께 넣고 푹 끓여 내어 면보에 받친다.
3. 각각의 찻잔에 생맥산과 미삼차를 붓고 꿀을 탄 뒤 잣을 띄워 낸다.

Tip

- 맥문동은 맛은 달고 쓰며 성질은 차다. 마른기침, 토혈, 각혈, 폐농양, 허로에 의한 번열, 소갈증, 변비를 치료하는것으로 알려져 있다.
- 인삼은 달고 쓰며 성질은 따뜻하다. 원기를 크게 보양하고 진액을 생성하며 정신을 편안히 하는 효능이 있다. 기침이 나고 숨이 찬 증세, 빈뇨 및 소갈증, 건망증과 동통, 소아경련, 모든 기혈 부족 및 허약증세를 치료한다.

봉수탕

잣과 속껍질을 벗겨낸 호두를 곱게 다져서 꿀에 재워 백비탕에 타서 마시는 음료이다. 식후에 마시면 폐를 좋게 하여, 천식과 해수를 치료하고 대소변을 통하게 하며 요통을 치료하는 데 도움이 된다.〈산림경제(山林經濟), 1715〉에 봉수탕은 "독이 없고 먹으면 머리털이 검어지고 강장 및 강정의 효과가 있다."라고 하였으며, 《향약채취월령》에는 "보신 · 온폐 · 윤장 · 지해 · 양위 · 변비 등에 효과가 있다."고 기록되어 있다.

재료

잣 40g, 호두 80g, 꿀 40g

만드는 법

1. 잣은 고깔을 떼어놓고, 호두는 뜨거운 물에 불려서 속껍질을 벗겨 놓는다.
2. 종이를 깔고 잣과 호두를 각각 아주 곱게 다진 다음, 꿀을 넣고 고루 섞어서 단지에 재어 둔다.
3. 찻잔에 꿀에 재워 둔 잣과 호두의 혼합물을 2큰술 정도 넣고 끓는 물을 붓되, 탕의 농도는 기호에 따라 가감할 수 있다.

Tip

- 잣은 백자인(百子仁) 또는 해송자(海松子)라고 불리어지며, 맛은 달고 성질은 평하다. 장(腸)을 촉촉하게 하여 대소변을 통하게 하며, 불면증, 심계항진, 유정, 밤에 저절로 땀이 많이 나는 증상을 치료한다.
- 호두는 맛은 달고 성질은 따뜻하며 독이 없다. 천식과 해수를 멎게하고 소변이 잦고 잘 나오지 않으며 요통을 치료하는 효능이 있다.
- 꿀은 맛이 달고 성질은 평하며 해수와 통증을 그치게 하고 건조한 것을 촉촉하게 하며 변비와 해독 및 화상을 치료하는 효능이 있다.

구기자차 · 제호탕

구기자차는 구기자에 물을 붓고 은근히 달여 물로 마시거나 기호에 따라 꿀이나 설탕을 타서 마시는 음료로 콩팥(腎)을 자양하고 폐(肺)를 촉촉하게 하며 간(肝)을 보하며, 눈을 밝게 하는 효능이 있다.
제호탕은 오매육, 초과, 백단향, 사인을 곱게 갈아 꿀과 함께 '고(膏)'의 상태가 될 때까지 오랫동안 중탕으로 조려 항아리에 담아 두고 찬물이나 얼음물에 타서 마시는 여름철에 갈증을 풀어 주고 위와 장을 튼튼하게 하여 설사를 그치게 하는 효능이 있는 전통 건강음료이다.

재료

[구기자차] 구기자 20g, 물 5컵, 잣 1큰술, 설탕(꿀) 적당량

[제호탕] 오매육(烏梅肉) 375g(1근), 초과(草果) 11.5g,(3돈), 백단향(白檀香) 30g(8돈), 사인(砂仁) 15g(4돈), 꿀 1.8kg(1되)

만드는 법

● 구기자차

1. 구기자는 물에 가볍게 씻어 끓는 물에 넣고 30분 정도 중불에서 은근하게 다린다.
2. 충분히 우러나면 고운 체에 걸러 따뜻하게 덥힌 찻잔에 붓고, 잣을 서너 알 띄우고 설탕(꿀)을 따로 곁들여 낸다.

● 제호탕

1. 오매육 · 초과 · 백단향 · 사인은 각각 곱게 갈아서 꿀과 함께 섞어 10~12시간 정도 고(膏)의 상태가 될 때까지 중탕으로 조린 다음 항아리에 담아 둔다.
2. 찬물이나 얼음물에 적당량을 타서 시원하게 마신다.

구기자차

1. 구기자 씻기

2. 구기자 달이기

제호탕

1. 제호탕 재료 다 함께 넣고 중탕으로 조리기

2. 얼음물에 제호고 타기

Tip

- 구기자는 맛은 달고 성질이 평하며 독이 없다. 또한 간음(肝陰)과 신음(腎陰)이 모두 부족하여 허리와 무릎이 시큰거리고 어지러우며, 눈앞이 아찔하며 캄캄해지는 증상, 눈물이 많이 흘러나오는 증상, 폐결핵으로 인한 잦은 기침에 효능이 있다고 한다.
- 조선시대 단옷날에 궁중 내의원에서 제조한 제호탕을 임금께 올리면 임금은 신하들이 더운 여름을 잘 나기를 기원하면서 기로소에 다시 이를 하사하였음이 〈동의보감〉, 〈동국세시기〉, 〈방약합편〉에 기록되어 있다.
- 기로소(耆老所)란 일흔 살이 넘은 문관 정2품 이상 되는 노인이 들어가서 대우받는 곳을 말한다.
- 오매육은 불에 구워 말린 매실로 맛은 시고 성질은 따뜻하며 만성설사 · 복통 · 구토 · 인후갈증 · 만성해수 · 빈혈 · 혈뇨를 치료하는 효능이 있다.

음청류

갈수는 농축된 과일즙에 한약재를 가루내어 혼합하여 달이거나 한약재에 누룩 등을 넣어 꿀과 함께 달여 마시는 음료이다. 즉, 목이 마를 때 먹는 물을 갈수라고 하는데 즉 약리효과를 가지는 음료수이다.

식혜는 쌀밥이나 찹쌀밥에 엿기름물을 가하여 전분을 당화시킨 우리 고유의 전통음료이다.

엿기름(맥아)은 보리에 수분을 흡수시켜 적당한 온도에서 발아시킴으로써 전분 분해 효소인 α-β amylase를 다량 생성시킨 것으로 이 엿기름의 당화력이 식혜의 맛을 좌우한다.

밀수는 꿀물이나 설탕을 끓여 시럽을 만들어 송홧가루를 띄운 송화밀수, 배숙, 수정과, 향설고, 수단 등을 말한다.

미수류는 찹쌀, 멥쌀, 보리, 콩 등을 쪄서 말리고 볶은 다음 곱게 가루를 내어 냉수나 꿀물에 타서 마시는 음료를 말한다.

옛날에는 주식 대용이나 저장식 및 구황식으로 널리 쓰였으며 곡물 등을 볶아 가루로 만든 것은 구(糗), 또는 초(麨)라 하고 쪄서 말린 것은 비(糒)라 하였다.

갈수·미수·식혜·밀수류

오미 · 임금갈수 • 구선왕도고미수 • 송화밀수 · 잡곡미수 • 식혜 · 안동식혜 • 수정과 · 향설고 • 원소병 · 보리수단

오미 · 임금갈수

다홍빛의 오미자(五味子) 우린물, 녹두즙, 꿀을 동량으로 넣고 다려서 뜨거운 물에 타서 마시는 갈증 해소의 약리효과가 뛰어난 전통음료이다.

야생 능금나무 열매인 임금을 찐 후 즙을 내어 달여서 단말향과 정향가루를 넣고 물에 타 마시는 음료이다. 임금(林檎)은 맛이 시고 달며 성질은 평하다. 갈증을 멎게 하고 체(滯)를 살이며 정(精)을 수렴하는 효능이 있으며 당뇨병, 이질, 유정 등을 치료한다. 〈임원십육지, 1827〉에 갈수는 갈증이 심할 때 먹는 물을 말하며 향이 있는 약이성 재료를 단것에 담가 사용한 것이라고 기록되어 있다

재료

[오미갈수] 오미자 1컵, 녹두 1/2컵, 물 20컵, 꿀 1컵
[임금갈수] 임금(재래종 능금) 5개, 정향가루 약간, 단말향 약간, 꿀(설탕) 적당량

만드는 법

● 오미갈수

1. 오미자는 깨끗이 손질하여 끓여서 식힌 물에 하룻밤 담가 두었다가 면보에 받쳐 국물을 준비하고 녹두는 갈아서 즙을 받아 고운 헝겊에 걸러 놓는다.
2. 오미자 우린물, 녹두즙, 꿀을 섞어 낮은 불에서 은근하게 달인 다음, 서늘한 곳에 저장해 두었다가 기호에 맞추어 찬물이나 뜨거운 물에 적당량을 타서 마신다.

● 임금갈수

1. 재래종 능금을 깨끗이 씻어 길이로 저며 썰고 껍질을 벗긴 후 씨를 빼내고 찜통에 푹 쪄서 뜨거울 때 으깬다.
2. 으깬 임금에 물을 조금씩 부으면서 체에 내려 즙을 낸 다음, 약한 불에서 잘 저으면서 달인다.
3. 달인 즙이 농축되면 정향가루와 단말향을 약간 넣고 잘 섞어 서늘한 곳에 저장해 두었다가, 꿀이나 설탕을 타서 시원하게 마신다.

구선왕도고미수

멥쌀가루를 비롯한 9가지 약재를 섞어 만든 떡인 구선왕도고를 말려서 가루내어 물에 타 마시는 것으로 향약성의 대표적인 기능성 건강음료이다.

〈동의보감,1610〉과 〈규합총서,1815〉에 구선왕도고미수는 갈증을 없애고 원기나 폐를 보하고 살(기육: 肌肉)을 낳으며 습열을 없앤다고 기록되어 있다.

재료

멥쌀가루 6컵(600g), 맥아 10g, 능인 7g, 소금 1작은술, 백편두 7g, 율무 15g, 시상 4g, 연육 30g, 백복령 15g, 산약 15g, 꿀 적당량

만드는 법

1. 멥쌀가루에 끓여 식힌 설탕물을 조금씩 넣으면서 고루 비벼 다시 한번 체에 내린다.
2. 율무는 박박 문질러 깨끗이 씻어 5~6시간 물에 담가 놓고 자주 물을 갈아준 다음 건져서 찜통에 쪄 내어 바짝 말려서 볶아 가루로 만든다.
3. 연육, 백복령, 산약, 맥아, 능인, 백편두 등의 약재는 가루로 만들어 놓는다. 시상은 그대로 사용한다.
4. 멥쌀가루와 율무가루에 위의 약재가루를 고루 잘 섞은 다음, 물을 조금씩 넣으면서 고루 비벼 체에 내린다.
5. 김 오른 시루에 젖은 베보자기를 깔고 준비한 떡가루를 안쳐서 김이 오른 후 25분 정도 더 쪄낸다.
6. 잘 말린 구선왕도고를 부수어 살짝 볶아 가루로 만들어 꿀물에 타 마신다.

Tip

- 구선왕도고 말린 것에 꿀을 섞어 다식으로 만들기도 하며 미음으로 끓여 어린아이의 암죽이나 노인들의 보양식으로 이용하기도 한다.

송화밀수 · 잡곡미수

송화밀수(松花蜜水)는 소나무의 꽃인 송홧가루를 꿀물에 타서 잣을 띄운 것으로, 여름철에 더위를 식혀주는 향기가 뛰어난 궁중의 음료이다. 송화는 맛은 달고 성질은 따뜻하다. 풍사(風邪)를 몰아내고 원기를 북돋우며 습(濕)을 거두고 지혈한다. 현기증, 위통, 오래된 이질, 창, 외상출혈을 치료한다.

잡곡미수(雜穀靡食)는 찹쌀과 보리쌀, 율무, 검정콩, 검정깨를 각각 쪄서 볶아 가루내어 다 함께 섞어 여름에 찬물에 꿀과 함께 타서 마시면 청량감과 구수한 맛을 함께 느낄 수 있는 우리와 친숙한 전통음료이다.

재료

[송화밀수] 송홧가루 4큰술, 물 4컵, 꿀 4큰술, 잣 1작은술

[잡곡미수] 찹쌀 2컵, 보리쌀 1컵, 율무 1/2컵, 검은콩 1/2컵, 검은깨 1/4컵, 물4컵, 꿀 4큰술

만드는 법

● 송화밀수

1. 물을 끓여 차게 식혀서 꿀을 타 놓는다.
2. 꿀물에 송홧가루를 넣고 잘 풀어 잣을 띄워 낸다.

● 잡곡미수

1. 찹쌀과 보리쌀, 율무는 깨끗이 씻어 찜통에 찐 다음 2~3일 바싹 말려 팬에 볶아서 곱게 가루를 낸다.
2. 검정콩은 물에 깨끗이 씻어 체에 받쳐 물기가 빠지면 한 번 찐 후 볶아서 껍질을 벗겨 가루로 만들고, 검은깨도 깨끗이 씻어 볶아서 가루로 만든다.
3. 위에 준비한 가루를 함께 골고루 섞어서 그릇에 담아 두고, 기호에 따라 물에 볶은 잡곡가루와 꿀을 적당히 타서 마신다.

송화밀수

1. 차게 식힌 물에 꿀 섞기
2. 꿀물에 송홧가루 넣어 젓기

잡곡미수

1. 찹쌀 찜통에 찌기
2. 찐 찹쌀 팬에 볶기

3. 찐 콩 말리기
4. 쪄서 말린 콩 볶기

5. 물에 잡곡미수 타기
6. 잡곡미수에 꿀 섞기

Tip

- 송홧가루를 꿀물에 미리 타 놓으면 가라 앉으므로 먹기 전에 타서 잘 저어 마신다.
- 송홧가루는 밀수뿐만 아니라 다식, 산자의 고물, 송화차, 송화주를 만드는데 이용된다.
- 율무(薏苡仁)는 맛은 달고 싱거우며 성질은 량(凉)하다. 비장을 튼튼하게 하고 폐를 보하며 열을 내리는 효능이 있다. 설사 · 수종 · 각기 · 배뇨가 곤란하며 소변색이 뿌연 증상을 치료한다.

식혜 · 안동식혜

삭혜는 엿기름 가루를 우려낸 물에 밥을 삭혀서 만든 것으로 달콤한 맛과 생강의 싸아한 향이 일품인 우리 고유의 전통음료이다. 맥아(麥芽)는 맛이 달고 성질은 따뜻하다. 소화불량, 복부창만, 식욕부진, 구토, 설사를 치료하는 맥아의 효능으로 식혜는 음식을 배불리 먹은 뒤에 마시면 소화가 잘되어 명절이나 생일, 잔칫날, 다과상 등에 잘 어울리는 음료이다.

안동식혜는 찹쌀 고두밥에 고운 고춧가루, 무채, 밤채, 생강채를 넣고 고루 섞은 다음 엿기름물을 따라 붓고 따뜻한 곳에서 발효시켜 만든 음료로 무식혜라고도 한다.

식혜의 단맛과 무와 생강, 고춧가루의 매운맛이 함께 조화를 이루어 약간 걸쭉하고 톡 쏘는 듯한 독특한 맛을 이루며 무의 적체해소와 하기(下氣)작용의 효능으로 과식하기 쉬운 잔칫날, 설날 등의 명절과 손님접대에 빼놓지 않고 올리는 경상도 안동 지방의 향토음식이다.

재료 [식혜] 엿기름(맥아) 4컵, 찹쌀 4컵, 물 30컵, 설탕 3컵, 생강 4쪽, 유자청 건지 4큰술, 대추(잣) 5개
[안동식혜] 찹쌀 3컵, 엿기름가루 3컵, 고운 고춧가루 1컵, 무 1/2개, 물 30컵, 밤채 1컵, 생강 3쪽, 잣 3큰술

만드는 법

식혜

1. 엿기름 가루는 미지근한 물에 손으로 주물러서 고운 체에 걸러 앙금이 가라 앉으면 맑은 웃물을 가만히 따라 내어 엿기름물을 준비한다.
2. 찹쌀은 고슬고슬하게 찌거나 된밥을 지어 엿기름물에 섞고, 전기보온 밥통에 담은 뒤 엿기름물을 붓고 삭힌다.
3. 4~5시간 뒤 밥알이 4~5개 정도 뜨면 밥알을 건져 찬물에 담가 단물이 완전히 빠지도록 헹구어 건져서 물기를 뺀다.
4. 밥알을 건져낸 식혜물에 설탕을 넣고 끓이면서 이 때 떠오르는 거품을 말끔히 걷어내고, 생강 몇 쪽을 넣어 한소끔 끓여 낸다.
5. 식혜물의 뜨거운 기운이 빠진 뒤에 유자청 건지를 넣고 뚜경을 닫아 향이 충분히 식혜물에 스며들게 한다.

1. 찹쌀 찜통에 찌기(공통)

2. 엿기름물 체에 내려 앙금 가라 앉히기

3. 밥알 삭히기(식혜)

4. 삭힌 밥알 찬물에 헹구기

안동식혜

1. 찹쌀은 깨끗이 씻어 충분히 물에 불려 고두밥으로 찐다.
2. 무는 4~5cm 길이로 채 썰고, 밤, 생강도 채친다.
3. 찹쌀 고두밥과 고춧가루, 무채, 밤채, 생강채를 고루 섞어서 식혜-①의 준비한 엿기름물을 따라 붓고 다시 고루 섞어 단지에 담고 뚜껑을 덮어 따뜻한 곳에서 발효시킨다.

1. 엿기름물 체에 내려 앙금 가라 앉히기

2. 무채에 고춧가루 섞기

3. 과정 ②에 고두밥 섞기

4. ③에 엿기름물 섞기

Tip
- 밥알이 식혜 물에 떠오르게 하려면, 밥알을 찬물에 담가 단물을 완전히 빼고 물기를 쪽 빼놓았다가 사용한다.
- 무는 가로 · 세로 1.5cm, 두께 0.3cm 정도로 나박썰기를 하여 사용하기도 한다.

수정과 · 향설고

수정과는 일명 '수전과'라고도 하며, 계피 · 생강을 달인 물에 설탕을 타서 차게 식힌 후 곶감 · 잣 등의 건지를 띄운 것으로 곶감의 단맛과 계피와 생강의 매운맛이 잘 어우러져 특유의 향미를 지닌 고유의 전통음료이다. 본디 물에 담근 과자라는 뜻에서 이루어진 말이며, 설 명절에는 반드시 만들어 식혜와 함께 차갑게 마시는 음료로 제조법이 간단해 누구나 손쉽게 만들 수 있다.

향설고는 배의 껍질을 벗기고 길이로 등분하여 씨 부분을 수평으로 반듯하게 제거하고, 모가 난 가장자리 부분을 도려내어 통후추를 박은 후, 생강 끓인 물에 설탕과 함께 넣고 은근히 끓여 낸 전통음료로 일명 배숙(梨熟)이라고도 한다.

한방에서 배는 맛이 달고 시며 성질은 차고 독이 없으며 소갈증과 주독, 복통, 기침에 효능이 있는 것으로 알려져 있다.

재료

[수정과] 곶감 10개, 생강 100g, 물 30컵, 통계피 100g, 황설탕 2컵, 흰설탕 1컵, 잣 2큰술, 호두 10개

[향설고] 배 1/2개, 생강 100g, 물 30컵, 통계피 100g, 황설탕 2컵, 흰설탕 1컵, 잣 2큰술, 호두 10개

만드는 법

● 수정과

1. 곶감은 젖은 수건으로 표면을 깨끗이 닦아낸 다음 통째로 쓰거나 꼭지를 떼어 내고 씨를 발라낸다. 속에 호두를 넣고 만 곶감호두쌈을 1cm 두께로 썬다.
2. 생강은 껍질을 벗겨 씻은 뒤 얇게 저며, 물 15컵을 붓고 향이 우러나도록 은근하게 끓인다.
3. 통계피도 깨끗이 씻어 15컵의 물을 붓고 푹 끓인 후, 생강 끓인 물과 같이 고운 면보에 부어 거른다.
4. 위에 준비된 맑은 국물에 설탕을 넣어 한소끔 끓여 차게 식힌 다음 곶감을 넣고 잣을 띄워 낸다.

1. 생강향 우러나도록 끓이기

2. 끓인 계피물 면보에 거르기
3. 뜨거운 물에 불린 호두 껍질 벗기기

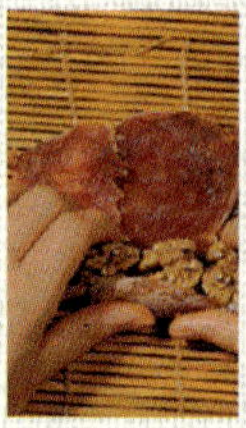

4. 편 곶감에 호두 올리기
5. 곶감에 호두 넣어 말기

6. 말은 곶감호두쌈 썰기

● 향설고

1. 배는 길이로 4등분하여 씨 부분을 수평으로 반듯하게 제거하고, 껍질을 벗긴 후 다시 가로로 2등분하여 모가 난 가장자리 부분을 도려내어 모양을 만든다.
2. 생강은 얇게 저며 분량의 물을 붓고, 향이 우러나도록 은근하게 끓인 다음 면보에 걸러낸다.
3. 통후추는 먼지를 닦아내고 손질해 놓은 배에 젓가락으로 깊숙이 박는다.
4. 끓여 둔 생강물에 후추 박은 배와 황설탕을 넣고 약한 불에서 뭉근히 끓여, 배가 투명해지면서 떠오르면 차게 식혀서 그릇에 담고 잣을 띄워 낸다.

1. 생강의 매운 맛 우리기

2. 생강향 우러 나게끓이기

3. 배에 후추 깊숙이 박기

4. ③의 배 투명해지도록 끓이기

Tip

- 생강과 통계피를 함께 끓여 쓰는 방법도 있으나, 각각 끓여 걸러서 혼합해야 특유의 향과 맛을 살릴 수 있다.
- 배숙에 유자즙을 짜 넣으면 향이 훨씬 더 좋으며 배에 통후추를 깊게 박아야 끓일 때 배에서 통후추가 빠지지 않는다.

원소병 · 보리수단

원소병은 찹쌀가루를 색색으로 반죽하여 소를 넣고 경단 모양으로 빚어 삶아 내어 꿀물에 띄워낸 음료이다. 또 다른 한자어인 원소병(圓小餠)은 작고 동그란 떡이라 하여 붙여진 이름이며, 원소(元宵)란 '정월 보름날 밤' 이라는 뜻으로 설날에 해먹는 절식의 뜻이 담겨 있다.

보리수단은 푹 삶은 보리쌀에 녹두녹말을 묻혀 끓는 물에 삶아 건져서 물에 헹구는 과정을 여러번 반복하여 통통하고 투명하게 옷을 입힌 보리쌀알을 볼그스레한 오미자 국물에 띄운 것으로 여름철에 잘 어울리는 보석처럼 느껴지는 전통음료이다.

재료

[원소병] 찹쌀 3컵(가루 3컵), 소금 1/2작은술, 녹두녹말 1/2컵,
[소] 대추 30g, 귤병 2큰술, 유자청 건지 2큰술, 잣 1큰술
[꿀물] 꿀(설탕) 4큰술, 물 4컵, 잣 1큰술
[반죽 물들이기] 치자 우린물 2큰술(치자 1개 : 물 1/2컵),
오미자 우린물 2큰술(오미자 1/3컵 : 물 1컵), 쑥가루 5g, 물 3큰술
[보리수단] 보리쌀 5큰술, 녹두녹말 4큰술, 설탕시럽 6큰술, 꿀 4큰술,
오미자 우린물 4컵(오미자 1컵 : 물 6~8컵), 잣 1큰술

만드는 법

● 원소병

1. 각각의 찹쌀가루에 치자 우린물, 오미자 우린물, 쑥가루를 넣고 잘 비빈 다음 끓는물로 각각 익반죽하여 황, 적, 녹, 흰색의 반죽을 만든다.
2. 대추는 살만 다지고 귤병과 유자청 건지는 곱게 다져서 함께 섞어 소를 만들어 놓는다.
3. 준비해 놓은 각색의 반죽에 소와 잣을 한두 알 씩 넣고 직경 1.5cm 정도의 크기로 동그랗게 빚는다.
4. 녹말가루를 씌워 끓는 물에 삶아 떠오르면 찬물에 한 번 헹구었다가 건져 물기를 뺀다.
5. 그릇에 색색의 떡을 담고 꿀물이나 끓여 식힌 설탕물을 붓고 잣을 띄워 낸다.

● 보리수단

1. 보리쌀은 박박 문질러 여러번 닦아 깨끗이 씻어 물에 푹 삶아서 찬물에 헹구어 건져 물기를 뺀다.
2. 삶은 보리쌀 한알 한알에 녹두녹말을 골고루 씌워 끓는 물에 삶아 건져 찬물에 헹군다. 이 과정을 3~4회 반복하여 보리쌀알을 크고 투명하게 옷을 입힌다.
3. 물에 하룻밤 우린 오미자 우린물에 설탕시럽과 꿀을 넣고 옷을 입힌 보리쌀알과 잣을 함께 띄워 차게 낸다.

1. 보리쌀 삶기
2. 삶은 보리쌀 찬물에 헹구기

3. 녹말옷 입히기
4. 끓는물에 삶기

5. 옷입힌 보리쌀알 찬물에 헹구기

6. 오미자 우린물 거르기

Tip

- 찹쌀가루를 반죽할 때 반죽 농도가 너무 질으면 빚어 놓은 모양이 일그러져 동그랗지 않으므로 주의한다.
- 삶은 보리에 녹말가루를 입힐 때, 물기를 완전히 뺀 후에 다시 녹말가루를 덧입혀야 옷이 투명하게 입혀진다.
- 오미자를 물에 우릴 때는 생수나 끓여 식힌 물을 사용하여야 한다. 오미자를 끓이면 쓴맛이 강해지므로 주의한다.

음청류

화채는 여러 가지 과일을 얇게 저민 것 또는 식용꽃잎 등을 꿀이나 설탕에 재웠다가 물을 붓고 차게 만드는 것이다. 국물은 주로 오미자 우린물, 꿀물, 과일즙 등을 이용한다.

화채류

진달래화채 • 유자화채 • 창면 · 유자청

진달래화채

진달래화채는 옛부터 음력 3월 3일인 삼짇날에 산과 들에 만발한 진달래꽃을 따다가 화채나 화전을 만들어 먹음으로써 봄의 정취를 만끽했음이 〈열양세시기, 1819〉, 〈동국세시기, 1840〉, 〈규곤요람,1896〉 등에 기록되어 있다. 한편 진달래 꽃잎은 약재로도 이용되고, 그대로 먹을 수도 있어 '참꽃'이라 불린다. 진달래 꽃에 녹두 녹말가루를 입힌 뒤 살짝 데쳐서 찬물에 식힌 후 곱게 우린 오미자 국물에 잣을 함께 띄운 전통음료로 일명 두견화채라고 한다.

재료 오미자 1컵, 물 6컵, 꿀 6큰술, 설탕시럽 1/2컵, 진달래꽃 20송이, 녹두녹말 2큰술, 잣 1큰술

만드는 법

1. 오미자는 끓여서 식힌 물이나 생수에 하룻밤 담가 놓아 물이 진달래 빛으로 곱게 우러나면, 고운 면보에 받쳐 오미자 우린물을 얻는다.

2. 오미자 우린물에 꿀과 설탕시럽을 넣어서 색과 맛을 조절하여 오미자국물을 만든다.

3. 진달래꽃은 가운데 꽃술을 떼어 내고 물에 담갔다가 건져서 물기를 없앤 후, 녹말을 묻혀서 끓는 물에 넣어 살짝 데쳐 찬물에 헹군다.

4. 화채그릇에 오미자국물을 7부 정도 붓고 진달래꽃과 잣을 띄운다.

1. 진달래 꽃술 떼어내기

2. 진달래꽃에 녹말 묻히기

3. 끓는 물에 진달래꽃 데쳐내기

4. 데쳐낸 진달래꽃 찬물에 헹구기

Tip

- 녹말을 묻힌 진달래꽃은 끓는 물에 1~2초 정도만 넣었다 꺼내어 찬물이나 얼음물에 바로 넣어 냉각시켜야 색이 변하지 않는다.
- 오미자를 뜨거운 물에 우리면 신맛이 유난히 강하고, 한약 냄새와 떫은 맛도 진하기 때문에 찬물에 오미자를 넣고 하룻밤 담가 두어 천천히 우리는 것이 좋다.

유자화채

유자화채는 유자껍질, 유자속, 배, 석류알에 꿀물을 부어 석류알과 잣이 보석처럼 아름다우며 달콤한 맛과 유자의 향긋한 내음이 잘 어울리는 것이 일품으로 궁중에서 즐겨 먹던 음료이다.
유자화채를 만들어 차게 해 두었다가 시원하게 마시면 그 싱그러운 맛이 입안에 가득해서 더할 나위 없는 산뜻한 후식이다.

재료 유자 2개, 배 1개, 석류알 2큰술, 설탕 4큰술, 잣 1큰술
[화채국물] 꿀 4큰술, 설탕 1큰술, 물 3컵

만드는 법

1. 유자는 굵은 소금으로 문질러 씻고 끓는 식초물에 튀한 후 열십자로 4등분하여 속부분은 씨를 빼내고 2~3조각으로 자르거나 곱게 채썬 후 설탕으로 버무려 둔다.

2. 유자 껍질은 칼을 뉘어 겉껍질과 속껍질을 분리한 후 각각 가늘게 채 썬다. 배도 껍질을 벗기고 얇게 저며 유자와 같은 크기로 채 썬 후 각각 설탕으로 버무려 둔다.

3. 설탕물을 끓여 차게 식힌 후 꿀을 섞어 화채국물을 만들어 놓는다.

4. 화채그릇에 유자채, 배채를 돌려 담고 석류알과 유자속, 잣을 가운데 담은 뒤, 3의 화채국물을 가만히 부어 잠시 유자향이 우러나면 상에 낸다.

1. 끓는 식초물에 유자 튀하기

2. 유자 겉과 속껍질 채 썰기

3. 채썬 유자를 설탕에 버무리기

4. 유자속을 설탕에 버무리기

Tip

- 유자는 맛이 달고 시며 성질은 차다. 위(胃)와 장(腸)의 나쁜 기운을 없애며 주독(酒毒)을 풀어 주고 음식을 잘 소화시키며 담(淡)을 삭히는 효능이 있다
- 유자는 익히지 않고 생으로 먹는 것이므로, 겉표면을 굵은 소금으로 문질러 씻은 후 끓는 식초물에 튀해서 사용하여야 한다.

창면 · 유자청

창면은 '착면', '청면' 이라고도 하며, 녹두녹말을 이용하여 얇게 만든 면(麵)을 익혀 오미자즙에 띄워 마시는 우리 고유의 정성이 가득한 평소에는 맛보기 힘든 귀한 음료이다.
유자청(柚子淸)은 씨를 빼낸 유자, 밤채, 대추채, 석이버섯채와 설탕을 함께 섞은 다음 소로 만들어 유자에 다시 채워 넣어 꿀물을 붓고 재워둔 것으로 유자속의 화려한 고명들과 그윽한 유자의 향이 잘 어울리는 정성이 깃든 귀한 음료이다.

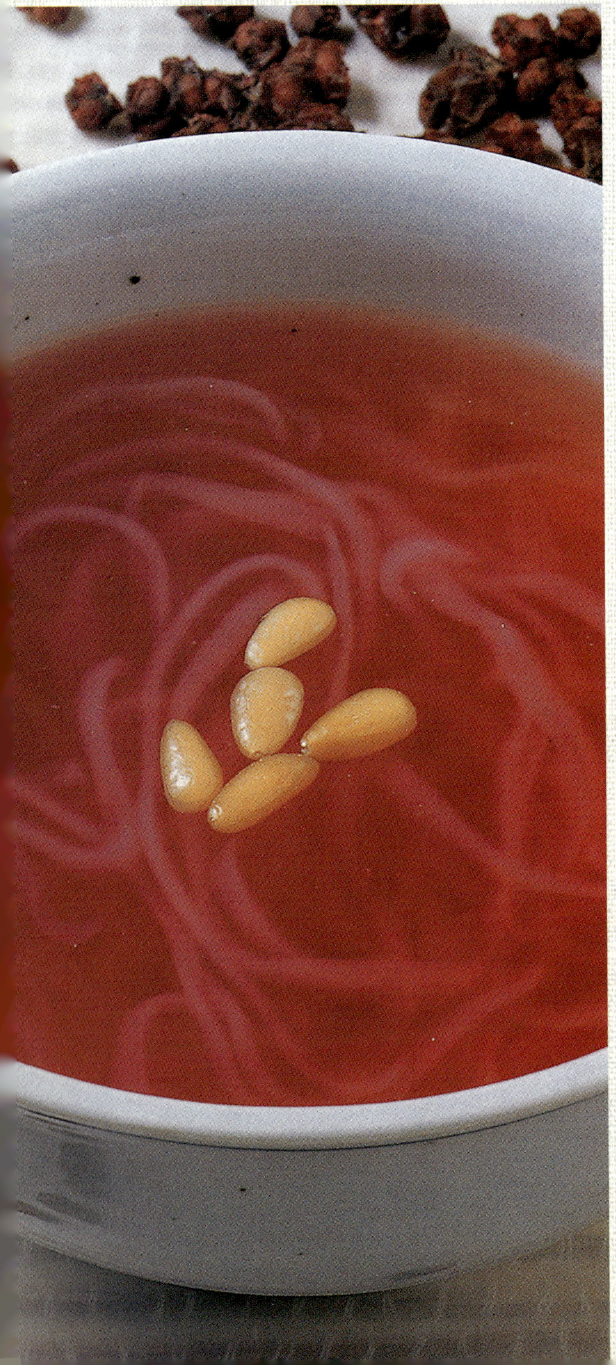

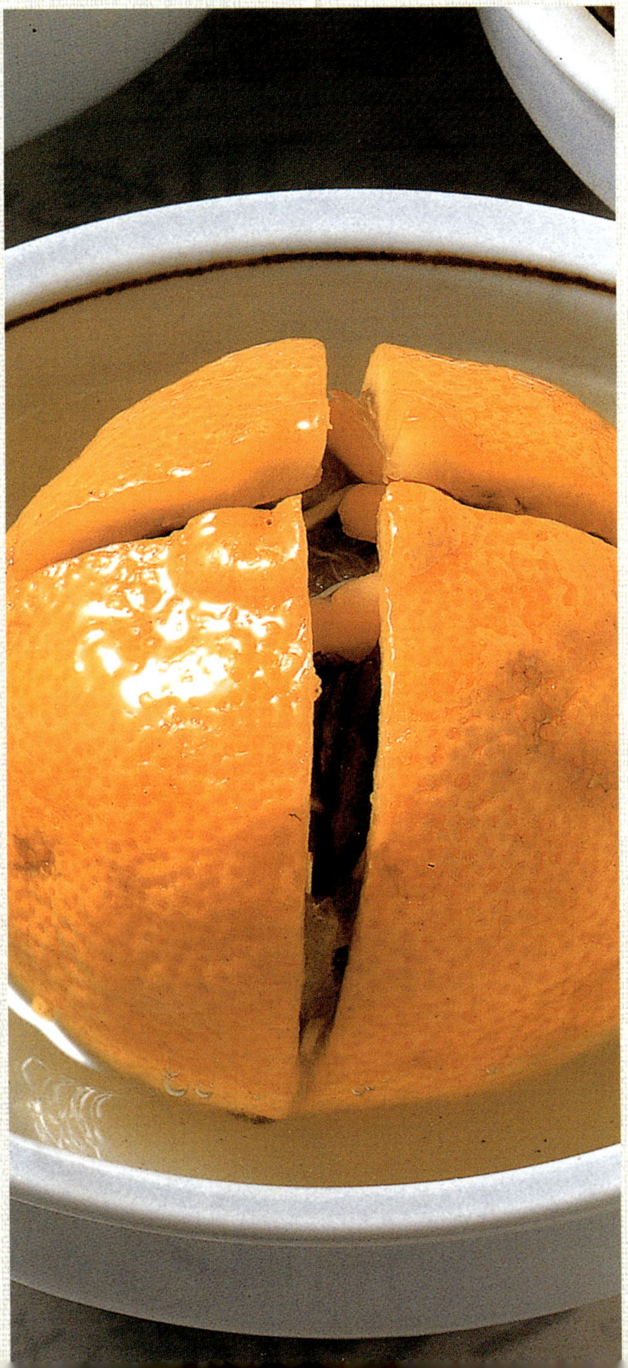

재료

[창면] 녹말 1/2컵, 물 1컵, 잣 2작은술
[오미자국물] 오미자 1컵, 물 6컵, 설탕시럽 6큰술, 꿀 6큰술
[유자청] 유자 3개, 설탕 6큰술, 밤 6개, 대추 6개, 석이버섯 6장
[꿀물] 꿀 4큰술, 설탕 1큰술, 물 3컵

만드는 법

● 창면

1. 오미자는 티를 고르고 깨끗이 씻어 물기를 뺀 후 끓여서 식힌 물에 하룻밤 담가 놓아 물이 진달래 빛으로 곱게 우러나면, 고운 면보에 걸러 오미자 국물을 만든다.
2. 녹두녹말을 물에 풀어 얇은 헝겊(絲)이나 고운체에 내리고 밑이 평평한 그릇의 전체 바닥에 얇게 깔리게 부은 후 수면 위에 띄워 중탕한다.
3. 녹말물의 표면에 물기가 없어지면 그릇째 끓는 물 속에 밀어 넣어 완전히 투명하게 익힌 후, 꺼내어 찬물에 냉각시켜 젓가락을 돌려 떼어 낸다.
4. 야들야들한 얇은 면을 곱게 채를 친 후, 화채그릇에 담고 우려 놓은 오미자국물을 붓고 잣을 띄워 낸다.

● 유자청

1. 유자는 굵은 소금으로 문질러 씻고 끓는 식초물에 튀하여 피막의 더러움을 제거한다.
2. 유자는 밑부분이 붙어 있도록 하면서 4~8등분 한다. 유자속은 꺼내어 씨를 빼낸 후 곱게 채 썰고 속껍질도 얇게 저며 채 썬다.
3. 밤과 대추는 껍질과 씨를 제거한 후 채 썰고 석이버섯은 뜨거운 물에 불려 배꼽을 뗀 후 안쪽의 이끼를 벗기고 곱게 채 썬다.
4. 채썬 유자속과 속껍질, 밤채, 대추채, 석이버섯채를 한데 섞어 설탕으로 버무려 소를 만들고 속을 빼 낸 유자에 소를 2/3쯤 채워 입을 꼭 아무려서 실로 묶는다.
5. 항아리나 병에 소를 채운 통유자를 넣고 꿀물을 부어 유자향이 충분히 우러나도록 냉장고에 보관한다.

창면

1. 녹말물을 중탕하여 익히기

2. 찬물에 냉각시키기

유자청

1. 채썬 밤, 대추, 유자를 설탕에 버무리기

2. 통유자에 채워 아무리기

Tip

- 녹말을 물에 풀어 그릇에 부을 때 너무 얇게 부으면, 익은 후 질기고 잘 썰어지지 않으므로 적당량이 깔리게 부어야 한다.
- 녹두녹말 대신 주로 감자, 고구마, 옥수수, 동부콩녹말을 사용한다.
- 유자청의 건지를 담고 꿀물을 부을 때 모양이 흐트러지지 않도록 가만히 붓는다.
- 유자를 설탕이나 꿀에 재워 유자청을 만들어 유자차와 두텁떡 등에 사용하기도 하며 유자껍질을 말려 두었다가 물에 달여서 마시면 주독, 신경통, 소화불량 등에 효능이 있다.

참고문헌

옛문헌 및 역본(연대순)

1. 안동장씨, 《음식디미방(飮食知味方)》 1670
2. 저자미상, 《요록(要錄)》 1680
3. 이익, 《성호사설(星湖僿說)》 1763
4. 저자미상, 《음식보(飮食譜)》 1700년대
5. 유중림, 《증보 산림경제(增補 山林經濟)》 1766
6. 유득공, 《경도잡지(京都雜誌)》 1700년대 말엽
7. 이만영, 《재물보》 영인본, 1807년
8. 김매순, 《열양세시기(洌陽歲時記)》 1819
9. 저자미상, 《옹희잡지(饔饎雜誌)》 1800년대 초엽
10. 저자미상, 《역주방문(曆酒方文)》 1800년대 중엽
11. 서유구, 《임원십육지(林園十六志)》 1827
12. 홍석모, 《동국세시기(東國歲時記)》 1849
13. 저자미상, 《시의전서(是議全書)》 1800년대 말엽
14. 이규경,《오주연문장전산고》 영인본, 1850년경
15. 저자미상, 《음식법(飮食法)》 1854
16. 저자미상, 《군학회동(群學會騰)》 1800년대 중엽
17. 빙허각이씨 원찬, 《부인필지(婦人必知)》 1855
18. 저자미상, 《규곤요람(閨壼要覽)》 1896
19. 방신영, 《조선요리제법(朝鮮料理製法)》 한성도서출판사, 1913
20. 이석만, 《간편조선요리제법(簡便朝鮮料理製法)》 1934
21. 조자호, 《조선요리법(朝鮮料理法)》 광한서림, 1938
22. 손정규, 《조선요리(朝鮮料理)》 경성서방, 1940
23. 홍선표, 《조선요리학》 조광사, 1940
24. 이용기, 《조선무쌍신식요리제법(朝鮮無雙新式料理製法)》 영창서관, 1943
25. 저자미상, 《시의방(是議方)》 1945
26. 손정규, 《우리음식》 삼중당, 1948
27. 최남선, 《조선상식(朝鮮常識)》 현암사, 1948
28. 방신영, 《우리나라 음식 만드는 법》 청구문화사, 1952
29. 한희순 외 2人, 《이조궁정요리통고(李朝宮廷料理通攷)》 학총사, 1957
30. 빙허각이씨 원저(1815), 정양완 역주, 《규합총서(閨閤叢書)》 보진재, 1986
31. 허준, 《동의보감(東醫寶鑑)》 1610. 남산당 1991

1970년대 이후의 현대문헌

32. 황혜성 《전통향토음식조사연구보고서 I, II》 1973~1979
33. 이성우, 《고려이전의 한국식생활사 연구》 향문사, 1978
34. 이성우, 《한국 식경대전》 향문사, 1981
35. 윤서석, 《한국의 전래생활》 수학사, 1983
36. 황혜성, 《한국민속종합조사보고서》 문화공보부 문화재관리국, 1984
37. 이성우, 《한국요리문화사》 교문사, 1985
38. 강인희, 《한국의 맛》 대한교과서주식회사, 1987
39. 김태정, 《약용식물》 대원사, 1990
40. 박원기, 《한국식품사전》 신광출판사, 1991
41. 이규태, 《재미있는 우리의 음식이야기》 기린원, 1991
42. 황혜성외 2人, 《한국의 전통음식》 교문사, 1991
43. 유태종, 《음식궁합》 도서출판 둥지, 1992
44. 윤서석, 《한국음식》 수학사, 1993
45. 황혜성, 《조선왕조 궁중음식》 궁중음식연구원, 1993
46. 《원행을묘정리의궤》 수원시, 1996
47. 강인희, 《한국의 떡과 과줄》 대한교과서, 1997
48. 윤서석 외 6인, 《한국음식대관(제1권》 한국문화재보호재단, 1997
49. 윤숙자, 《한국의 떡 · 한과 · 음청류》 지구문화사, 1998

50. 한복려, 《떡》 궁중음식연구원, 1999
51. 강인희 외 6인, 《한국음식대관(제3권)》
한국문화재보호재단, 2000
52. 박호석 외 1인, 《한국의 농기구》
어문각, 2001
53. 최순자 《한국의 떡》 한국외식정보, 2001
54. 정연선 《떡과 한과》 웅진닷컴, 2002

찾아보기

한

누구나 쉽게 만들 수 있는 아름다운
우리떡 · 한과 · 음청류

초판 1쇄 인쇄 / 2020년 3월 23일
초판 1쇄 발행 / 2020년 3월 30일

공저 정재홍 · 김옥선 · 김형렬 · 유진현 · 이진택 · 정은진 · 최덕주
발행처 형설출판사
경기도 파주시 회동길 37-23 · 전화 (031) 955-2361 ~ 4 · 팩시밀리 (031) 955-2341
발행인 장진혁
등록 라-제9호 · 1962년 5월 1일
홈페이지 http://www.hyungseul.co.kr
e-mail hs@hyungseul.co.kr

정가 22,000원

ISBN 978-89-472-8408-0 93590

이 도서의 국립중앙도서관 출판시도서목록(CIP)은 서지정보유통지원시스템 홈페이지(http://seoji.nl.go.kr)와
국가자료공동목록시스템(http://www.nl.go.kr/kolisnet)에서 이용하실 수 있습니다.(CIP제어번호 : CIP2020009779)

누구나 쉽게 만들 수 있는 아름다운

우리떡·한과·음청류